Contraste insuffisant

NF Z 43-120-14

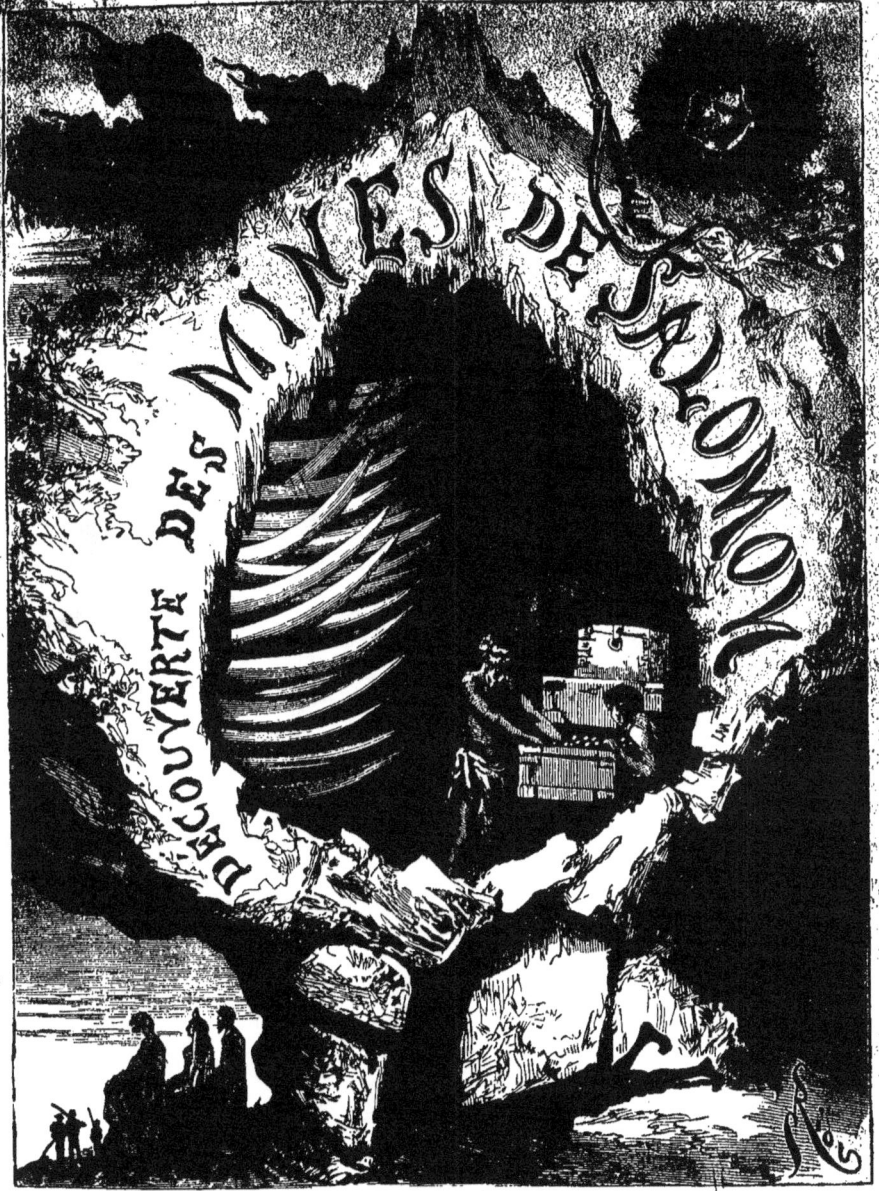

BIBLIOTHÈQUE
D'ÉDUCATION ET DE RÉCRÉATION
J. HETZEL ET Cⁱᵉ, 18, RUE JACOB
PARIS

Tous droits de traduction et de reproduction réservés.

DÉCOUVERTE DES MINES

DU

ROI SALOMON

COLLECTION HETZEL

RIDER HAGGARD

DÉCOUVERTE
DES MINES
DU
ROI SALOMON

ADAPTATION PAR C. LEMAIRE

AVEC PRÉFACE ET POST-FACE DE TH. BENTZON

Dessins de Riou.

BIBLIOTHÈQUE
D'ÉDUCATION ET DE RÉCRÉATION
J. HETZEL ET Cⁱᵉ, 18, RUE JACOB
PARIS

Tous droits de traduction et de reproduction réservés

TABLE

Préface..		1
Chapitre Ier.	— Rencontre de sir Henry..................	1
—	II. — La légende des mines de Salomon........	11
—	III. — Décision................................	25
—	IV. — La chasse à l'éléphant..................	37
—	V. — La traversée du désert..................	49
—	VI. — De l'eau !...............................	62
—	VII. — La route de Salomon....................	75
—	VIII. — Touala le roi...........................	89
—	IX. — Fêtes africaines........................	101
—	X. — La guerre..............................	119
—	XI. — Ignosi roi..............................	133
—	XII. — Une assemblée lugubre................	143
—	XIII. — La chambre des trésors................	157
—	XIV. — Plus d'espoir..........................	169
—	XV. — Départ du pays des Koukouanas........	185
—	XVI. — Retrouvé...............................	193
Post-face..		205

Paris. — Imp. Gauthier-Villars et fils, 55, quai des Grands-Augustins.

PRÉFACE

Les bons livres dédiés à l'enfance ne manquent pas chez nous; leur nombre a singulièrement augmenté depuis quelques années : signés souvent de noms célèbres, illustrés à ravir, séduisants de toute manière, ils répondent parfaitement aux aspirations du jeune public qui les dévore; ce qui est plus rare, c'est un livre que l'on puisse mettre entre les mains des grands garçons et des grandes filles, à qui la bibliothèque de leurs parents n'est pas encore ouverte et qui dédaignent celle de leurs petits frères et sœurs, c'est un ouvrage qui puisse convenir à l'adolescence, puisqu'il n'y a pas d'autre mot pour indiquer cette période de la vie qui commence à treize ou quatorze ans. Les jeunes Français de cet âge ont déjà l'esprit très développé, sont déjà très exigeants. Capables d'apprécier le mérite d'une œuvre littéraire, ils veulent que l'auteur à la fois les amuse et les prenne au sérieux; ils ne peuvent souffrir qu'on leur serve, même en la déguisant, une leçon de morale spécialement appropriée à leurs besoins; être traités en enfants, voilà ce qu'ils redoutent, ce qui les révolte; ils sont déjà, ceux-ci presque des hommes ne s'intéressant qu'à ce qui peut intéresser leurs aînés, celles-là des demoiselles réclamant des romans, puisqu'elles en voient lire à leurs mères; sous aucun prétexte ils n'accepteraient, ni les uns ni les autres, d'être relégués dans ce que M. Taine appelle si bien une serre à compartiments où des précautions, parfois mal entendues, sont prises pour leur ménager un régime exceptionnel, une atmosphère particulière.

Il faut, à ce genre de public, un ordre d'ouvrage presque introuvable en France, un livre qui puisse être lu en commun à haute voix, le soir, sous la lampe, un livre qui, après avoir charmé le père et la mère, puisse être repris ensuite par chacun des plus jeunes membres de la famille, sans qu'ils risquent d'y trouver rien de nuisible. Ces livres-là, l'Angleterre les produit, n'étant pas empoisonnée au même degré que nous par deux tristes maladies dont notre littérature contemporaine, si supérieure au point de vue de la forme, des délicatesses et des raffinements de l'art, porte la funeste empreinte : le scepticisme, qui flétrit toutes les généreuses croyances; le pessimisme, qui nous fait considérer systématiquement le côté mauvais de la vie.

Une nourriture intellectuelle saine comme le *roastbeef* cuit à point qui convient indistinctement à tous les estomacs est, chez nos voisins, servie à tous les âges. Que, d'aventure, les gourmets regrettent l'absence de certains assaisonnements exquis, de certaines sauces qui, selon l'expression vulgaire, valent mieux que le poisson, nous n'avons pas à le rechercher ici. La cuisine de restaurant est certes incomparable à Paris, mais, s'il s'agit de la table de famille, honneur à l'Angleterre, à l'Amérique. Les mets n'y sont pas épicés de telle sorte qu'il faille les réserver à ceux-là seuls qui sont familiers avec ces condiments dangereux, tout le monde y goûte et s'en trouve bien. Pour parler sans métaphore, Daniel de Foë n'écrivit pas à l'intention de la jeunesse son *Robinson Crusoé*, qui a cependant contribué à ouvrir tant de jeunes intelligences, à former tant de jeunes âmes en montrant ce que peut la volonté de l'homme aux prises avec toutes les forces hostiles de la nature. Walter Scott, Cooper, Dickens ont produit, sans songer à aucune catégorie spéciale de lecteurs, maints romans qui méritent d'être recommandés à tous, et, depuis, quelle longue liste d'ouvrages de valeur inégale, mais distingués, sans exception, qui, lus au matin de la vie, sont relus plus tard et jusque dans la vieillesse avec plaisir et profit!

Miss Edgeworth et miss Mitford, le capitaine Marryat et Mayne-Reid, l'auteur de *John Halifax* et celui de *The Heir of Redclyffe,* Florence Montgomery, etc., ont pénétré partout, grâce à la traduction ou à l'*adaptation* que nous voudrions voir appliquer à l'œuvre un peu diffuse, mais si honnêtement virile, si agréablement fortifiante des nombreux Américains qui ont créé, à la suite de Thoreau *the out door library*, la bibliothèque de plein air.

La critique anglaise signalait récemment ceux des livres nouveaux qui obtiennent le plus éclatant succès, en faisant observer que presque tous allaient d'abord à l'adresse des écoliers. Stevenson et Rider

Haggard jouissent, en effet, parmi ces derniers, d'une prédilection marquée. Et, ils n'ont pas seulement pour admirateurs fanatiques des compatriotes, leur vogue a passé les mers. *Treasure Island*, grâce à l'excellente traduction de M. Philippe Daryl, est naturalisé français, et nous serions bien surpris si une version habilement modifiée de *Kidnapped* ne se faisait pas adopter de même.

Kidnapped (*Enlevé*) est le récit très vif, très spirituel et parfois palpitant d'émotion, des aventures du jeune David Balfour qui, embarqué de force sur un brick de fort mauvais renom par son oncle, méchant comme pouvaient l'être certains parents dénaturés en l'an de grâce 1751, échappe à la transportation en faisant naufrage sur une île déserte des côtes d'Écosse. Là, il rencontre des aventures imprévues. Les caractères qui entourent la figure du pauvre petit héros, jeté malgré lui parmi les derniers défenseurs du parti jacobite, sont d'une originalité saisissante; néanmoins le succès de *Kidnapped* à l'étranger dépendra beaucoup de l'habileté du traducteur, qui saura tempérer ou expliquer la saveur écossaise très prononcée de la narration et mettre en lumière, avec les développements ou les commentaires indispensables, une certaine partie historique. *L'Ile au Trésor* suffit d'ailleurs pour que personne ne refuse à M. Stevenson d'être, par excellence, le peintre des pirates, comme M. Rider Haggard est celui des explorateurs de terre ferme.

L'auteur des *Mines de Salomon* qui, à son tour, nous est présenté, a pris l'Afrique intérieure pour domaine et l'on peut dire que, lui aussi, en a rapporté des trésors. Il serait difficile de trouver un récit de ce genre plus vigoureusement charpenté, où l'intérêt soit mieux soutenu, grandissant à chaque page, au milieu d'événements qui, pour être parfois extraordinaires jusqu'à l'invraisemblance, n'en sont pas moins fondés sur les renseignements de voyageurs sérieux. La vérité, lorsqu'il s'agit de choses aussi anciennes que les ruines d'Ophir et les pierreries de Salomon, ou aussi lointaines que le Kakuanaland ne saurait manquer d'être entremêlée d'un peu de merveilleux; mais ce merveilleux lui-même repose sur beaucoup de science et d'observation; il est amusant et *possible*. Après tout, la vie n'est-elle pas un mélange inextricable d'illusion et de réalité, celle-là servant à dorer d'un joyeux rayon la tristesse ou l'âpreté de celle-ci? Quand il s'agit d'art, à quoi bon dépouiller le vrai des brillantes et inoffensives parures que l'imagination lui prête? L'un des plus grands génies que le monde ait produits a, dans le titre de ses Mémoires, accouplé les deux noms de Vérité et de Poésie. Accordons la même licence au brave chasseur d'éléphants, Allan Quatermain, tout en faisant *in petto* les réserves d'usage quand il s'agit de récits de chasse, eussent-ils trait à un plus petit gibier.

Th. Bentzon.

INTRODUCTION

Voici mon histoire terminée; elle va être livrée au public, et ce fait me remplit d'appréhensions. Ma crainte est de n'être pas cru et d'être pris pour un hâbleur, moi, Allan Quatremain, dont la parole a toujours valu un serment.

L'idée d'un doute ne me serait pas venue sans un petit incident tout récent, dont je vous fais juge.

J'avais eu la simplicité d'envoyer mes épreuves à mon fils Harry. Lui, sans m'avertir, n'eut rien de si pressé que de les passer à un certain Jones, rédacteur distingué, paraît-il, d'un journal destiné aux jeunes garçons. Cet illustre personnage jugea à propos de faire de cet ouvrage une critique blessante, et Harry, tout fier de la condescendance de l'homme célèbre, m'envoya cette critique.

M. Jones, qui ignore comment j'ai recueilli les documents de mon récit, s'exprime ainsi :

« L'idée de votre ami n'est pas mauvaise; on aurait pu cependant en tirer un meilleur parti. Le style non plus n'est pas fameux, et il me semble que, pour se permettre un ouvrage d'imagination pareil, il aurait été bon que l'écrivain possédât, en quelque mesure au moins, des connaissances exactes sur les indigènes et les coutumes qu'il décrit. »

Remarquez, je vous prie, que me jugeant par lui-même, sans doute, M. Jones me prend pour un de ses rivaux, c'est-à-dire un compilateur de mensonges littéraires, et il insinue que mon histoire de la Découverte des Mines de Salomon est un fruit de mon imagination. Bien plus, selon lui, moi, le chasseur Quatremain, qui, pendant quarante ans, ai vécu, travaillé aux mines, chassé les fauves dans le sud de l'Afrique, je ne connais pas les indigènes et leurs coutumes!

Cela suffit, et je n'ajoute rien, sinon que, malgré mon méchant style, la lettre se terminait par une offre de neuf francs cinquante centimes par page, si je voulais lui fournir des articles analogues pour son journal. Il ne refuserait donc pas de l'employer, mon style!

Enfin, cette petite pique m'a troublé. Qui sait, me

suis-je dit, si d'autres n'auront pas la même impression que le grand Jones ?

Avertir mes lecteurs que ce récit est parfaitement vrai ne convaincra personne; on me répondra qu'une fois en train d'inventer, un effort d'imagination de plus ou de moins ne coûte pas beaucoup de peine.

Je pourrais peut-être renvoyer mes lecteurs au fac-similé de la carte de José da Sylvestra. Oserait-on dire que j'ai appris le portugais et la calligraphie du xvi° siècle pour étayer mon conte ?

Allez donc, je vous prie, au Musée britannique, et vous y verrez le document original, cette carte que le vieux Portugais traça avec son sang, et l'os qui lui servit de plume, car j'ai l'intention d'envoyer ces deux reliques au Musée.

Quant aux passages de ce livre qui paraîtront extraordinaires, je ne puis dire qu'une chose, c'est que j'ai tracé le véritable récit d'une aventure réelle.

Il ne me reste qu'à vous présenter mes excuses sur mon style, qui n'est pas fameux. Que voulez-vous ? Chacun fait comme il peut. Je n'ai pas la prétention d'employer de grands mots et des phrases ronflantes, cela n'est pas donné à tout le monde. Si j'avais qualité pour exprimer une opinion, je dirais que les choses dites simplement nous impressionnent quand elles sont attachantes.

Selon le dictionnaire koukouana, « une lance bien affilée n'a pas besoin d'être ornée, » et, d'après le même principe, j'ose espérer qu'une histoire vraie, tout étrange qu'elle paraisse, n'exigera ni grands mots ni style pompeux.

Allan Quatremain.

Juin 1885.

DÉCOUVERTE DES MINES

DU ROI SALOMON

CHAPITRE I

RENCONTRE DE SIR HENRY

A mon âge, entreprendre d'écrire une histoire, — j'ai cinquante-trois ans, — cela m'étonne moi-même. Je me demande si j'en viendrai à bout et quelle sorte d'histoire ce sera.

J'ai commencé à travailler tout jeune. A l'âge où la plupart des garçons sont encore sur les bancs des écoles, je gagnais ma vie, et je viens seulement de cesser ou d'être en mesure de le faire, car il n'y a pas huit mois que je suis devenu riche. Je ne sais pas encore à quel chiffre se monte ma fortune, je sais seulement qu'elle est amplement suffisante et qu'elle a failli nous coûter bien cher. Enfin, je suis rassasié d'aventures; Dieu voulant, je vais me reposer.

Ce que je vais raconter, c'est l'histoire de cette fortune.

J'écris pour me distraire; je souffre d'une morsure de lion, et il faut que je reste étendu. Avoir tué soixante-cinq lions et se laisser mâcher la jambe par le dernier, c'est raide !

Une autre raison pour écrire, c'est mon désir d'amuser mon fils Harry et de lui laisser un souvenir de mes aventures. Harry est étudiant en médecine à Londres, et l'hôpital n'est pas toujours amusant; je me flatte de le distraire un moment par ce récit.

Maintenant, je commence.

D'abord, je tiens à vous dire, — un peu d'orgueil peut-être, — que je suis fils d'une bonne et ancienne famille. J'ai passé ma vie en nomade, à chasser ou à travailler; c'est la fatalité qui l'a voulu. Je n'en suis pas moins resté honnête homme; j'ai la crainte de Dieu. Jamais, dans toutes mes aventures, je n'ai attenté à la vie de mon semblable, sauf en cas de légitime défense, et j'ai épargné mon adversaire toutes les fois que je l'ai pu. J'espère que ça me comptera là-haut. Je dis cela, pour que vous sachiez à qui vous avez affaire, lecteur.

I

C'ÉTAIT SIR HENRY CURTIS.

Il y a dix-huit mois, en revenant d'une tournée de chasse au delà du Bamamgouato, je fis la rencontre de sir Henry Curtis et du capitaine Good. Je venais de vendre mon ivoire et je m'étais rendu au Cap.

Cette ville m'était déjà familière; j'y visitai le Jardin botanique, qui me paraît appelé à rendre de grands services à la colonie, et le magnifique palais du Parlement, qui sera certainement moins utile. Mais la vie d'hôtel ne me va pas, sans compter qu'on m'écorchait, et je résolus de retourner chez moi à Durban.

Je retins mon passage à bord du *Dunkeld*, et, dans l'après-midi, nous voguions vers Natal.

Nous avions reçu par transbordement les passagers du *Château-d'Édimbourg*, qui venait d'Angleterre. Parmi ceux-ci, deux messieurs attirèrent mon attention. L'un d'eux pouvait avoir trente ans. C'était un solide gaillard aux larges épaules, avec une belle poitrine bombée, des bras nerveux; ses cheveux et sa barbe étaient blond jaune; ses grands yeux gris étaient enfoncés et donnaient à toute sa physionomie un cachet particulier. Il me fit penser à ces héros scandinaves dont l'histoire nous parle. J'ai su plus tard qu'effectivement il descendait de ces grandes races du Nord. C'était sir Henry Curtis.

Avec ce blond fils d'Albion était un homme bien pris, brun, à l'air bon enfant, que je reconnus tout de suite pour un officier de marine. On les reconnaît à première vue, les marins ; ce sont de braves cœurs, ils valent mieux que les autres hommes, en général. C'est la grande mer, le souffle puissant des vents du ciel qui, peut-être, balayent de leurs âmes

LE CAPITAINE GOOD.

les impuretés et en font des hommes plus droits, plus honnêtes que d'autres.

Je ne me trompais pas : ce compagnon de sir Henry était lieutenant de vaisseau. Il avait un peu plus de trente ans et avait été mis en retrait d'emploi. Il s'appelait Good. Sa bonne figure faisait plaisir à voir. Il était bien vêtu, minutieusement propre, tiré à quatre épingles; un monocle, enchâssé dans l'œil droit, tenait là sans cordon. Ses dents me firent envie, à moi qui ne les ai pas bonnes; c'était un superbe râtelier, dont je vous prie de prendre note dès maintenant.

Peu après notre départ, le temps se gâta; un vilain brouillard, un vrai brouillard anglais, chassa tous les passagers de dessus le pont, et j'allai m'abriter près des machines. Un pendule se balançait devant moi à chaque mouvement du bateau.

« Ce pendule n'est pas bien établi! » dit tout à coup une voix tout près de moi.

Je me retournai et je vis mon officier de marine.

« Croyez-vous? dis-je.

— Je ne crois pas, j'en suis sûr. Vous pouvez être certain que, si le bateau avait roulé comme l'indique ce pendule, nous aurions fait une culbute que nous n'aurions pas recommencée! Ces vaisseaux marchands!... Il y a toujours une incurie! »

La cloche du dîner sonnait, et je n'en fus pas fâché, car, lorsque les officiers de la marine royale se mettent à déblatérer contre la marine marchande, on n'en finit plus; il n'y a que la marine marchande qui puisse leur rendre des points.

A table, le capitaine Good prit place vis-à-vis de moi; sir Henry était à côté de son compagnon.

Le capitaine entama la conversation sur des sujets familiers pour moi : on parla de chasse d'éléphants...

« Vous êtes en bonnes mains, dit un de mes voisins au capitaine; personne ne saurait vous renseigner aussi sûrement que le chasseur Quatremain. »

A ce mot, sir Henry leva la tête.

« Pardon, me dit-il d'une voix grave et sonore, votre nom, monsieur, est-il Allan Quatremain?

« C'est mon nom, monsieur, » dis-je.

Sir Henry ne répliqua rien; je vis qu'il m'observait, et, au bout d'un moment, je l'entendis murmurer dans sa barbe blonde :

« C'est un rude chasseur tout de même! »

Quand on se leva de table, sir Henry s'approcha de moi et m'invita à venir fumer une pipe dans sa cabine.

Quand nous fûmes installés avec des cigares et du wisky devant nous, sir Henry me dit :

« N'étiez-vous pas, il y a environ deux ans, à Bamamgouato, au nord du Transwaal?

— Effectivement, » dis-je, tout surpris de cette connaissance de mes faits et gestes.

Quel intérêt mes voyages pouvaient-ils avoir pour ces messieurs!

« Vous trafiquiez de ce côté-là? demanda le capitaine vivement.

— Justement. J'avais amené un chargement de marchandises et je restai à Bamamgouato jusqu'à ce que tout fût vendu. »

Sir Henry leva sur moi ses grands yeux pleins d'une anxiété vive et étrange.

« Vous n'auriez pas rencontré, par là, un homme du nom de Neville? dit-il.

— Mais pardon! Il a campé près de moi une quinzaine de jours, le temps de faire reposer ses bœufs; il manifestait l'intention d'aller dans l'intérieur. Il y a quelque temps, un homme d'affaires m'a écrit à son sujet; il voulait savoir ce qu'était devenu M. Neville. Je n'avais pas grand'chose à dire.

— J'ai eu votre réponse entre les mains, dit sir Henry. Vous disiez que M. Neville avait quitté Bamamgouato au commencement de mai, qu'il avait avec lui un conducteur, un voorlooper et un chasseur cafre nommé Jim. Ils devaient aller jusqu'à Junyati, poste extrême de commerce, dans le pays des Matabélés. Là, M. Neville voulait se défaire de son wagon et poursuivre sa route à pied. Vous croyez qu'il a exécuté son dessein, parce que vous avez vu son wagon dans la possession d'un marchand portugais. Il avait acheté ce wagon, disait-il, à un homme blanc qui s'aventurait dans l'intérieur avec un serviteur indigène.

— Tout cela est exact, dis-je, parfaitement exact.

— N'avez-vous rien appris depuis lors? reprit sir Henry après une petite pause. Savez-vous pourquoi M. Neville entreprenait un pareil voyage? A-t-il dit quel était son but?

— Je ne sais rien de positif, » répondis-je comme quelqu'un qui n'a pas envie d'en dire trop long.

Les deux amis se regardèrent.

« Tenez, monsieur Quatremain, autant vaut causer

ALLAN QUATREMAIN.

franchement tout de suite. Mon agent d'affaires m'a dit que vous êtes un homme sûr, honnête, discret, et que je puis me fier complètement à vous. »

Les compliments font toujours plaisir; je m'inclinai et bus quelques gorgées de wisky pour cacher mon agréable embarras.

« Vous n'avez pas besoin de divulguer ce que je vais vous raconter; mais je vais vous dire tout de suite que M. Neville est mon frère.

— Ah! m'écriai-je, il me semblait que votre figure ne m'était pas étrangère! C'est votre ressemblance avec M. Neville qui m'a frappé quand je vous ai vu, et je ne me rappelais pas qui votre visage évoquait.

— Oui, répondit sir Henry avec un soupir, c'est mon seul frère. Nous nous aimions beaucoup; jamais nous ne nous étions quittés. Il y a environ cinq ans, nous eûmes une querelle, et j'étais si furieux que j'en fus injuste envers lui.

« Vous savez, dit sir Henry, après un moment de silence, que, dans notre pays, si un homme meurt intestat sans laisser autre chose que des terres, ses biens passent au fils aîné. Sur ces entrefaites, mon père mourut; tous ses biens étaient à moi, j'aurais dû subvenir aux besoins de mon frère, et je ne lui refusai rien. Seulement je ne fis pas d'avances; lui, trop fier, ne demanda rien. C'est une vilaine page dans mon histoire, vous voyez, monsieur Quatremain!

— Nous avons tous manqué en quelque chose, dis-je.

— Hélas! reprit sir Henry, cette vérité ne répare pas ma faute. Mon frère possédait quelques milliers de francs. Il retira cette misérable somme de la Banque, et, sans me dire un mot, partit pour faire fortune au sud de l'Afrique. Au bout de trois ans, ma colère était tombée. J'essayai d'avoir de ses nouvelles; mes lettres restèrent sans réponse. Enfin, je résolus d'aller moi-même à sa recherche, et me voici. Je donnerais volontiers la moitié de ma fortune pour savoir qu'il est vivant. Le capitaine Good a bien voulu m'accompagner dans mon expédition. Nous cherchons à nous orienter.

— Dame! interrompit le capitaine, je n'avais rien d'autre à faire; le ministre de la marine m'avait donné la latitude de mourir de faim avec ma demi-solde! Autant voyager par terre que sur mer! Ça change. Maintenant, monsieur Quatremain, dites-nous ce que vous savez de plus sur M. Neville. Vous voyez pour quelles raisons sir Henry vous interroge et quel intérêt il a à savoir tout ce que pouvez nous apprendre. »

CHAPITRE II

LA LÉGENDE DES MINES DE SALOMON

« Dites-moi tout, reprit sir Henry, je vous en prie.

— Eh bien ! j'ai entendu dire que M. Neville était allé aux mines de Salomon.

— Aux mines de Salomon ! s'écrièrent mes deux auditeurs. Où est-ce, ces mines de Salomon ?

— Je ne le sais pas au juste. J'ai vu les pics des montagnes du pays où il paraît qu'elles se trouvent ; mais il y avait deux cents kilomètres de désert entre les montagnes et moi ; il n'est pas à ma connaissance qu'aucun blanc en soit revenu. J'ai appris qu'autrefois un Portugais était allé jusque-là ; mais il est resté. Si vous le désirez, je vous raconterai la légende de ces mines, celle que je connais. »

Les deux Anglais firent un signe d'assentiment.

« Eh bien ! repris-je, il y a de cela quelque trente ans, un chasseur nommé Évans, qui était curieux des traditions du pays, — pauvre Évans! il a été tué par un buffle; il est enterré aux chutes du Zambèze, — m'entendit parler des restes d'un travail extraordinaire. C'était une belle grande route conduisant à l'entrée d'une galerie où étaient accumulés des quartz aurifères prêts à être travaillés.

« — Je sais quelque chose de plus étrange encore, me dit Évans. Avez-vous entendu parler des mines de Salomon?

« — Non, jamais.

« — Eh bien! au nord-ouest du pays des Makokoulombés, se trouvent des montagnes où étaient les mines de diamants du roi Salomon.

« — Comment savez-vous cela? dis-je.

« — On les appelle aujourd'hui montagnes de Suliman; c'est évidemment par corruption du mot Salomon. J'ai rencontré une gsanousi (sorcière) du pays des Manincas; elle m'a dit que, dans ce pays-là, les hommes sont grands et forts et qu'ils possèdent encore beaucoup d'arts qui leur ont été transmis par des blancs d'autrefois. Ces blancs avaient le secret d'une mine de pierres brillantes. »

« On ne parlait pas encore des champs de diamants, messieurs, et je ne pensais plus à ce que m'avait dit Évans. Vingt ans plus tard j'entendis de nouveau parler des montagnes de Suliman. Je m'étais aventuré au delà du pays des Manincas, à un endroit appelé le

Kraal de Sitanda. C'est un misérable village où il n'y a pas même de quoi manger. Mais j'avais pris les fièvres, et, malade comme je l'étais, force m'était de rester là.

« Un jour, je vis arriver un Portugais avec un serviteur, un sang-mêlé. Je n'aime pas les Portugais, dans ce pays-ci. Il n'y a pas de plus grands coquins; ils trafiquent de chair humaine, c'est-à dire d'esclaves, comme si ces noirs étaient une simple denrée. Mais mon Portugais avait la physionomie d'un homme comme il faut; sa longue moustache était noire, ses yeux bruns et vifs; sa politesse exquise fit ma conquête. Il me dit son nom : José de Silvestre; il ajouta qu'il avait son habitation sur les bords de la baie de Delagoa. Le lendemain, en me quittant, il me salua d'un air fort noble et me dit :

« — Adieu, senor; si nous nous revoyons, je serai l'homme le plus riche du monde et je me souviendrai de votre accueil hospitalier! »

« Puis il s'éloigna vers l'ouest. Je me demandais si c'était un fou.

« Une semaine plus tard, j'avais repris des forces, et, tout en rongeant une carcasse de poulet devant ma petite tente, je regardais le soleil enflammé s'abaisser sur les sables du désert, lorsque je vis sur une pente de terrain, à environ trois cents mètres, quelque chose comme une forme humaine. Tantôt rampant, tantôt se dressant, trébuchant à chaque pas, l'individu avançait. C'était bien un homme, et un Européen, car il était vêtu.

« Quand il fut assez près, je reconnus mon visiteur portugais. J'envoyai un de mes chasseurs à son aide. Pauvre malheureux! Il n'était plus que l'ombre de lui-même.

« — De l'eau! de l'eau! gémissait-il. Pour l'amour de Dieu, de l'eau! »

« Je lui fis donner du lait coupé. Il en absorba sans désemparer une si grande quantité, que je dus lui enlever le liquide. Ensuite la fièvre le prit; il divagua; les montagnes de Suliman, le désert revenaient toujours dans ses phrases incohérentes. Je fis pour lui ce que je pus; il n'y avait pas grand'chose à faire, car sa fin était proche. Il sommeilla vers le matin, et je m'endormis à mon tour. Le soleil lançait à peine ses premiers rayons dans la tente, lorsque je m'éveillai. Mon Portugais était assis sur son séant, le bras étendu vers le désert.

« — Les voilà! dit-il, les voilà! Mais je n'irai pas. Personne ne pourra y aller. »

« Il tourna les yeux vers moi.

« — Ami, dit-il, êtes-vous ici? Mes yeux se voilent.

« — Oui, camarade, couchez-vous, reposez-vous.

« — Oh! dit-il, me reposer! Mais j'ai toute l'éternité pour me reposer, et je ne serai pas long à y entrer. Écoutez, ami, vous avez été bon pour moi, je vais vous récompenser. Tenez, voici le papier. Vous aurez peut-être plus de chance que moi. »

« Il fouillait dans sa chemise et il en ramenait une espèce de blague à tabac. Il essaya vainement d'en dénouer l'attache.

« — Déliez-la, » me dit-il.

« J'obéis et je tirai de la blague un bout de linge jauni, sur lequel étaient tracés, en couleur de rouille, des caractères presque indéchiffrables. Avec ce petit chiffon était aussi un bout de papier.

« Le mourant reprit d'une voix faible :

« — Ce qui est tracé sur le linge est copié sur le papier. Il m'a fallu des années pour déchiffrer cela. Un de mes ancêtres, banni de Portugal pour des raisons politiques, fut un des premiers colons de ce pays. Il s'appelait don José da Sylvestra. Il vint jusqu'à ces montagnes que vous apercevez là-bas, il les traversa même. Il revenait; mais la mort le saisit en route, et son esclave, qui l'avait attendu de ce côté-ci, prit le bout de chiffon où mon ancêtre avait écrit ses derniers renseignements; il rapporta ce document dans la famille à Delagoa. Il y a de cela trois cents ans. Personne avant moi n'avait essayé de lire ce testament; j'y suis parvenu, mais il m'en coûte la vie. Ne donnez cela à personne. Tâchez d'aller là-bas vous-même; celui qui réussira sera le plus riche du monde. »

« Après avoir ainsi parlé, José da Sylvestra, épuisé, retomba sur la couche, et, une heure après, il se reposait pour toujours.

« Que Dieu ait son âme !

« Avant de quitter Sitanda, je le fis enterrer profondément, avec de lourdes pierres sur son corps, pour que les chacals ne pussent dévorer ses restes.

— Et son document? dit sir Henry vivement.

— Oui, son document? Où l'avez-vous mis? Qu'en avez-vous fait? demanda le capitaine.

— Ce document, messieurs, je l'ai gardé; je n'en ai même parlé à personne qu'à ma pauvre défunte; elle disait que c'étaient des absurdités. Je me le suis fait traduire par un vieil ivrogne de Portugais entre deux vins, qui, le lendemain, n'avait plus idée du service que je lui avais demandé; de sorte que personne ne connaît ce document. J'ai l'original à Durban, chez moi, avec la copie de l'infortuné José. Mais je puis vous montrer la version anglaise que j'ai dans mon portefeuille avec un fac-similé de la carte, si toutefois cela peut s'appeler une carte. La voici.

« Moi, José da Silvestra, qui meurs de faim dans la petite caverne où il n'y a pas de neige, au nord du mamelon le plus au sud des deux montagnes que j'ai appelées les Seins de Phéba, j'écris ceci, en l'an 1590, au moyen d'un os aiguisé, sur un morceau de mon vêtement avec mon sang pour encre. Si mon esclave trouve cet écrit quand il reviendra, qu'il le porte à mon ami (nom illisible). Que mon ami le fasse connaître au roi. Que le roi envoie une armée. Si cette armée peut vivre à travers le désert et les montagnes, si elle peut vaincre les braves Koukouanas et leurs arts diaboliques, — à cet effet, il faudra amener beaucoup de prêtres, — le roi sera le plus riche des rois depuis Salomon. De mes propres yeux j'ai vu les diamants amoncelés dans la chambre des trésors de Salomon, derrière la Mort blanche. Mais par la trahison de Gagoul, la flaireuse de sorciers, je n'ai pu en emporter aucun ; à peine suis-je sorti la vie sauve. Que celui qui viendra suive la carte ; qu'il fasse, à travers la neige, l'ascension de la montagne de gauche, jusqu'au mamelon au côté nord duquel se trouve la grande route de Salomon. La résidence royale est à trois jours de chemin de là. Que le roi tue Gagoul. Priez pour mon âme! Adieu! » [1].

[1]. Eu José da Silvestra que estou morrendo de fome ná pequena cova onde não ha neve ao lado norte do bico mais ao sul das duas montanhas que chamei Seio de Pheba; escrevo isto no anno 1590 ; escrevo isto com un pedaço d'òsso n'um farrapode minha roupa e com sangue me por tinta ; se o meu escravo dér com isto quando venha ao levar para Lourenzo Marquez, que o meu amigo leve a cousa ao conhencimento d'El Rei, para que possa mandar um exercito que, se desfiler pelo deserto a pelas montanhas e mesmo sobrepujar os bravos Kukuanes e suas artes diabolicas, pelo que se deviam trazer muitos padres Fara o Rei mais rico depois de Salomão. Com meus proprios olhos vé os diamantes sem conto guardados nas camaras do thesouro de Salomão a traz da morte branca, mas pela traição de Gagoal a feiticeira achadora, nada poderia levar, e apenas a minha vida. Quem vier siga o mappa e trepe pela neve de Pheba peito à

Lorsque les deux amis eurent entendu la lecture du papier et considéré les deux feuilles, il se fit un silence.

« C'est égal, dit enfin Good, j'ai fait deux fois le tour du monde, j'ai relâché à tous les ports, mais je veux être pendu si jamais j'ai entendu raconter une histoire aussi invraisemblable.

— Votre récit est étrange! ajouta sir Henry. Je ne veux pas supposer que vous nous preniez pour des naïfs faciles à tromper. Il y a des voyageurs qui trouvent beaucoup de plaisir à mystifier leurs auditeurs. Je me demande si vous croyez ce que vous nous contez-là.

— Sir Henry, dis-je tout offensé, repliant froidement mes papiers, je vous ai rapporté ce que j'ai entendu dire; vous n'êtes pas forcé d'y croire. Je ne suis pas un hâbleur et je n'ai pas pour habitude de conter des aventures et des histoires par moi imaginées. »

En parlant, je m'étais levé pour partir.

Sir Henry posa sa large main sur mon épaule :

« Allons, monsieur Quatremain, ne vous fâchez pas. Je vous demande pardon si j'ai été un peu franc. Mais

---

esquerda até chegar ao bico, do lado norte do qual está a grande estrada do Salomão por elle feita, donde ha tres dias de jornada até ao Palacio do Rei. Mate Gagoal. Reze por minha alma. Adeos.

« José da Silvestra. »

avouez que votre histoire est incroyable. Voyons ! si l'on vous contait cela à vous-même, qu'en diriez-vous ?

— Monsieur, repris-je tout apaisé par l'air bon enfant de sir Henry, je mettrai entre vos mains les originaux de ces copies, dès que nous serons à Durban. Vous jugerez vous-même. »

Du reste, je ne pouvais pas nier que cette histoire ne fût étrange.

« Jusqu'ici, ajoutai-je, je ne vous ai même rien dit de votre frère. Je connaissais bien Jim qui l'accompagnait. C'était un Bechuana et, pour un indigène, un garçon intelligent. Le jour de leur départ, Jim était près de mon wagon, en train de râcler son tabac.

« — Eh bien ! lui dis-je, où allez-vous cette fois ? Chasser l'éléphant ?

« — Non, Baas, nous allons en quête de mieux que ça !

« — Mieux que ça ? Bigre ! De l'or donc ?

« — Non, Baas, quelque chose de plus précieux encore ! »

« J'étais intrigué, mais ma dignité ne me permettait pas de laisser voir ma curiosité. Quand Jim eut fini son râclage, il reprit :

« — Baas ! »

« Je n'eus pas l'air de l'entendre.

« — Baas ! répéta le métis.

« — Eh bien ! qu'est-ce que tu veux ?

« — Baas, nous voulons chercher des diamants.

« — Diamants! mais, mon garçon, vous allez juste à l'opposé. Les champs de diamants ne sont pas du côté où vous vous dirigez.

« — Nous n'allons pas aux champs, Baas. As-tu entendu parler des montagnes de Suliman?

« — Bien sûr.

« — As-tu jamais entendu dire qu'il y a des diamants dans ces montagnes?

« — Oui, Jim, j'ai déjà entendu conter ces balivernes-là.

« — C'est la vérité, Baas. J'ai connu une femme qui était venue de ce pays-là avec un enfant; elle m'a parlé de ces diamants.

« — Veux-tu que je te dise le plus clair de l'affaire, mon pauvre Jim? C'est que vous allez laisser votre peau dans ces déserts.

« — Peut-être bien, Baas! Mais que veux-tu! il faudra mourir un jour ou l'autre. Autant avoir vu du pays avant, et avoir tenté de ramasser quelque chose.

« — Ce sont les vautours qui ramasseront ta carcasse, s'ils y trouvent de quoi.

« — Tu as peut-être raison, Baas, mais nous y allons quand même. »

« Une demi-heure après, effectivement, le wagon de M. Neville s'éloignait. Bientôt je vis Jim revenir en courant vers moi.

« — Adieu, Baas ! adieu ! Je ne pouvais pas m'en aller sans te dire adieu. Il y a bien des chances pour que nous y laissions nos os.

« — M'as-tu dit la vérité, Jim ?

« — Oui, maître, nous allons aux montagnes de Suliman. Mon maître veut faire fortune, il dit qu'il va voir s'il y a moyen du côté des diamants.

« — Eh bien, lui dis-je, attends un instant, Jim. Je vais te donner un bout de billet pour ton maître. Tu ne le lui remettras que quand vous serez à Inyati. »

« C'était à cent cinquante kilomètres de Bamamgouato, où nous étions alors.

« J'écrivis sur un bout de papier :

« Que celui qui viendra, fasse l'ascension à travers
« les neiges de la montagne gauche de Phéba, jus-
« qu'à ce qu'il arrive au mamelon, au nord duquel se
« trouve la grande route de Salomon. »

« — Tiens, Jim, tu donneras ça à ton maître, dis-je au chasseur, et tu lui recommanderas de suivre exactement les instructions que renferme ce papier. Ne le lui donne pas tout de suite, au moins ; il reviendrait me questionner, et je ne veux pas être interrogé. Allons, va-t'en donc, fainéant, ton wagon est déjà loin. »

« Jim prit le billet et s'en alla.

« Voilà tout ce que je sais de votre frère, monsieur, et je crains que...

— Monsieur Quatremain, dit sir Henry, vos craintes

ne m'ébranleront pas. Je suis parfaitement décidé à aller chercher mon frère jusqu'aux montagnes de Suliman, s'il le faut, et même au delà. Je le trouverai ou je saurai ce qu'il est devenu. Voulez-vous m'accompagner, monsieur Quatremain? »

Je suis prudent, je ne le cache pas; s'embarquer dans une pareille expédition, c'était aller chercher la mort. Je ne voyais pas que la chose fût pressée. Quand c'est la mort qui vient vous chercher, on fait comme on peut; mais, de sang-froid, sans utilité personnelle, s'aventurer ainsi... car j'ai un fils, enfin, et je n'avais pas le droit de le planter là, sans ressources, ses études inachevées.

« Merci, monsieur, répondis-je, votre confiance m'honore; mais, voyez-vous, je suis trop vieux pour entreprendre une expédition si hasardeuse. Il est à peu près certain qu'on n'en reviendra pas. Moi, messieurs, j'ai un fils qui n'a que son père, et, ne fût-ce qu'à cause de lui, je n'ai pas le droit de risquer ma vie. »

Les deux amis échangèrent un regard désappointé.

« Monsieur, reprit sir Henry, je suis riche : j'ai cette recherche à cœur. Vos services me seraient précieux; mettez-les au prix que vous voudrez, dans les limites de ce qui est raisonnable, et je vous paierai comptant, avant de partir. Nous assurerons l'avenir de votre fils, et vous serez tranquille de ce côté-là. Nous trouverons peut-être aussi des diamants, qui sait? J'en'en ai pas besoin, moi; toutes les trouvailles que nous ferons seront à partager entre vous et Good. C'est chanceux, direz-vous; mais enfin on ne peut pas savoir. Vous voyez combien je tiens

ALLAN QUATREMAIN

à vous, monsieur Quatremain; faites vos conditions et accordez-nous votre compagnie.

— C'est une proposition avantageuse, sir Henry, et j'en suis flatté. J'y réfléchirai. La tâche est rude et l'issue bien incertaine; je vous donnerai ma réponse quand nous débarquerons.

— Je compte qu'elle sera favorable, dit sir Henry.

— Nous verrons, » dis-je, en me retirant pour la nuit.

Je me couchai et je ne fis que rêver de diamants, de déserts et du pauvre Sylvestre, à qui les diamants n'avaient guère profité.

CHAPITRE III

DÉCISION

Du Cap à Durban, par mer, on met quatre ou cinq jours, suivant le vaisseau et le temps. C'est-à-dire si on n'attend pas à East-London. C'est là qu'on décharge la cargaison, et quelquefois on y reste vingt-quatre heures. Nous n'attendîmes pas; la mer n'était pas mauvaise, les remorqueurs purent avancer, suivis de ces vilains bateaux plats, sur lesquels on jette toutes les marchandises, sans égard pour leur nature ou leur provenance.

L'offre de sir Henry ne me sortait pas de l'esprit; cependant nous n'en reparlâmes pas de deux jours. Je racontais à ces messieurs des histoires de chasse, toutes fort authentiques et non moins piquantes. Dans des récits de ce genre, il n'est pas nécessaire de faire des frais d'imagination; il arrive tant de choses impossibles à un chasseur de profession, que les histoires les plus invraisemblables sont encore au-dessous des péripéties où il a pu être engagé.

Enfin, un beau soir de janvier, le mois le plus chaud au sud de l'Afrique, nous longions la côte de Natal, espérant atterrir à Durban avant le coucher du soleil. Ici le littoral est ravissant, parsemé de collines de sable rouge, qu'entrecoupent des bandes de terre verte, et piqué çà et là d'un kraal cafre. La rive est toujours couverte d'écume, et les récifs font rejaillir l'eau en colonnes bouillonnantes. En approchant de Durban, le spectacle est plus varié encore. Des rivières s'élancent, en étincelant, du haut des falaises dans leurs lits taillés en plein roc par des pluies séculaires; plus avant dans les terres, des broussailles croissent au gré de la nature sauvage; puis, ce sont des jardins potagers, des plantations de cannes à sucre, avec çà et là une maison blanche pour égayer le paysage. Pour moi, le plus beau paysage est incomplet s'il ne porte indice de la présence de l'homme. Peut-être ai-je ce sentiment parce que, en vieux chasseur, j'ai beaucoup vécu dans la solitude et qu'à cause de cela même, j'apprécie la société.

Le soleil était couché quand on arriva à Durban, et, au lieu de débarquer, nous allâmes dîner. Lorsque nous remontâmes sur le pont, la lune éclairait toute la mer et faisait pâlir les feux des phares. Le vent d'amont nous apportait des senteurs d'épices; les maisons étaient étoilées de lumière. C'était une de ces belles nuits comme on n'en voit qu'au sud de l'Afrique; elle répandait un grand sentiment de calme, de paix dans l'âme humaine, comme la lune jetait son manteau d'argent sur les flots et la rive.

Nous contemplions cette belle scène, silencieux et émus. Enfin, sir Henry rompit le silence.

« Avez-vous pensé à ma proposition? me dit-il.

— Quelle décision avez-vous prise? ajouta M. Good. J'espère que vous allez nous tenir compagnie, malgré les dangers que vous prévoyez? »

Je me levai pour secouer ma pipe dans la mer. J'étais encore indécis; ce petit moment me suffit pour arrêter ma résolution.

« Eh bien! oui, messieurs, dis-je en m'asseyant, j'y consens, et avec votre permission, je vais poser mes conditions :

« 1° Les dépenses étant toutes défrayées, le profit de l'expédition, si profit il y a, sera à partager entre M. Good et moi.

« 2° J'estime mes services à une valeur de douze mille francs payables d'avance. En retour, je m'engage à vous servir fidèlement jusqu'à la fin de cette expédition, à moins qu'un accident ne m'arrête.

« 3° Dès que nous aborderons, un acte sera passé par devant notaire, stipulant qu'au cas où je mourrais ou serais estropié, une somme de cinq mille francs sera versée annuellement à mon fils Harry, et cela pendant cinq ans. J'estime qu'après ce temps, il sera en état de gagner sa vie.

« Telles sont mes exigences. Si vous les trouvez exagérées j'en serai fâché ; mais, vous comprenez, c'est risquer gros que de s'embarquer là-dedans.

— Non, monsieur Quatremain, ce n'est pas exagéré. Vous auriez pu demander davantage que je n'aurais pas marchandé. Je désire tellement vous avoir pour guide, que je serais votre obligé, même en vous payant infiniment plus.

— Maintenant donc, permettez-moi de justifier mes conditions que je trouve, je l'avoue, un peu excessives. D'abord, j'accepte d'aller avec vous, messieurs, parce que vous me plaisez, cela soit dit sans flatterie ; je vous ai observés, et je crois que nous pourrons tirer au même attelage. C'est important quand on va loin.

« Pour ce qui est du voyage, je vous le dis tout simplement : je ne crois pas que nous en revenions. Vous savez quel fut le sort du Portugais, il y a trois cents ans ; son arrière-petit-fils n'a pas été plus heureux. Et votre frère ! croyez-vous qu'il ait échappé ? Non, messieurs, tous ont péri, et il faut nous attendre à un sort pareil. »

Je m'arrêtai pour voir l'effet de mes prédictions. Le capitaine Good était évidemment mal à l'aise, mais sir Henry ne sourcilla pas.

« C'est une affaire décidée, dit-il. Je suis résolu à en courir la chance.

— Quant à moi, repris-je, je suis fataliste ; si mon sort est de périr aux montagnes de Salomon, je ne l'éviterai pas.

« Ensuite, je n'ai encore rien mis de côté pour mes vieux jours. Je n'ai jamais fait que vivre tout juste. C'est quelque chose, je n'en disconviens pas, d'autant plus que, en général, les chasseurs d'éléphants n'ont pas besoin longtemps de grand'chose. Grâce à l'offre généreuse de sir Henry, mon fils est à l'abri du besoin, quoi qu'il arrive, et j'ai moi-même une poire pour la soif.

— Monsieur Quatremain, dit sir Henry, je comprends votre motif et je l'approuve. Nous verrons plus tard si vos craintes sont fondées. Si nous devons y laisser notre vie, nous aurons au moins fait quelques bonnes parties de chasse.

— Ce sera le premier avantage, dit Good. Nous n'avons pas peur de coucher sur la dure, et le danger ne nous a jamais effrayés ; nous ne reculerons pas aujourd'hui.

— C'est entendu ! » dis-je, pour conclure

Le lendemain matin, nous débarquâmes. J'invitai sir Henry et le capitaine à loger chez moi. Mon domaine se compose d'une petite maison de briques vertes. Comme il n'y a que trois pièces, j'installai mes hôtes sous une tente au jardin. Les bosquets d'orangers et les manguiers font de ce coin un endroit délicieux ; les moustiques même ne nous y dérangent qu'après des pluies exceptionnelles.

Je fus chargé des préparatifs du voyage. D'abord, l'acte qui assurait l'avenir de mon fils fut dressé. On nous vola comme dans un bois. Le notaire demanda pour cette seule formalité la somme de cinq cents francs. Force fut d'en passer par là. Ensuite mes douze mille francs me furent versés.

Ces préliminaires terminés, j'achetai un wagon et son attelage.

Le wagon était d'occasion, et à mes yeux n'en valait pas moins ; au contraire, il avait fait ses preuves, et, s'il y avait une planche mal jointe ou un bout de bois vert, on s'en était aperçu au premier voyage. C'était un wagon demi-tente, c'est-à-dire que l'arrière seul était protégé par une tente. Nous y avions un cadre pour servir de lit, un râtelier pour nos fusils et beaucoup d'autres petites commodités. A l'avant était placé notre bagage.

L'attelage consistait en vingt bœufs zoulous salés. Les bœufs zoulous sont plus petits, mais plus forts que les autres bœufs africains. Comme bœufs salés, ils avaient voyagé dans toute l'Afrique centrale et ne craignaient pas l'eau rouge, fatale à la plupart des autres bœufs. Ils avaient été inoculés, et par cela étaient à l'abri de la pneumonie, commune dans le pays.

Voici comment se pratique cette inoculation : on prend un peu de poumon d'un animal mort de pneumonie; on introduit ce morceau de poumon dans une fente pratiquée à la queue de l'animal à inoculer. Aussitôt, le bœuf devient malade, il a une légère atteinte du mal, sa queue en tombe, mais il est désormais garanti.

Dans une contrée où il y a tant de mouches, et des mouches si tourmentantes, il semble cruel de priver les bœufs de leur queue, mais encore vaut-il mieux sacrifier la queue et garder le bœuf, que de perdre à la fois et le bœuf et la queue. Un bœuf sans queue est encore bien utile, quoique certainement ce ne soit pas très gracieux.

La question d'approvisionnement avait aussi une importance capitale, car il ne fallait pas nous charger inutilement, et, d'un autre côté, il ne fallait rien omettre de ce qui était indispensable.

Nous n'oubliâmes pas non plus une petite pharmacie de voyage, et il se trouva que Good était un peu médecin. Il n'avait point de diplôme : mais il avait, ce qui vaut mieux qu'un parchemin plus ou moins bien acquis, une expérience variée, mise au service d'une grande habileté naturelle. Pendant notre séjour à Durban, Good eut l'occasion d'amputer le gros orteil à un Cafre. Le patient surveillait attentivement l'opérateur; étonné de tant de dextérité, il pria Good de ne pas s'arrêter à moitié chemin et de vouloir bien compléter son travail en lui remettant un autre orteil. L'Africain n'avait pas

LE CAPITAINE GOOD.

d'objection à ce que Good en mît un blanc, s'il n'en avait pas d'autre sous la main.

Deux points restaient encore : les armes et les domestiques. Sir Henry avait apporté d'Angleterre un véritable arsenal, dans lequel nous prîmes deux bons fusils du plus fort calibre de chez Tolley. Moi, je gardai le mien qui m'avait déjà rendu beaucoup de bons services, et dont je n'avais pas lieu de me défier, quoiqu'il ne fût pas sorti de la maison d'un armurier en vogue. Outre ces fusils, nous prîmes trois carabines à répétition, un fusil pour le menu gibier et trois fusils de rechange rayés et à répétition; enfin, trois revolvers. Toutes nos armes étaient du même calibre, précaution utile pour que les mêmes cartouches pussent servir à chacune d'elles. Enfin, venait la question des domestiques. Je n'eus pas longtemps à chercher un guide et un conducteur. Je choisis deux Zoulous dont j'étais sûr. Ce n'était pas assez. Il me fallait encore trois domestiques braves et de confiance, puisque, dans maintes occasions, notre vie serait entre leurs mains. J'arrêtai un Hottentot du nom de Ventvogel et un petit Zoulou appelé Khiva. Celui-ci parlait anglais, et Ventvogel était un des meilleurs spoorers (traqueurs) qu'on pût rencontrer. Il était honnête, infatigable, robuste. Je ne lui savais qu'un défaut, celui qui est commun à toute sa race, l'ivrognerie; devant une bouteille de rhum, Ventvogel ne connaissait plus personne. Mais, comme nous ne comptions pas lui offrir la tentation des cabarets et des débits de vins, son faible ne tirait pas à conséquence.

Le troisième serviteur était introuvable. Nous résolûmes de partir quand même, nous fiant à notre bonne étoile pour nous le procurer en route.

La veille de notre départ, Khiva vint me dire qu'un homme me demandait. Nous étions à table.

« Fais entrer! » dis-je.

Un homme de haute taille, beau, au teint clair pour un Zoulou, fit son entrée. Il paraissait avoir environ trente ans. Il nous salua en levant son bâton, et, allant s'accroupir dans un coin, il attendit. Je ne fis pas attention à lui pendant un moment. Les Zoulous vous traitent tout de suite d'égal à égal, si on leur témoigne la moindre politesse. Cependant je remarquai que notre visiteur était un keghla (homme cerclé). Il avait autour de la tête un cercle fait de gomme polie mélangée de graine et tressée avec les cheveux. Cet ornement est porté par les Zoulous qui sont d'un certain rang ou qui ont atteint une certaine dignité et un certain âge.

J'avais déjà vu cet homme. Mais où?

« Comment t'appelles-tu? dis-je enfin.

— Umbopa, répondit l'Africain d'une belle voix de poitrine.

— Il me semble que je t'ai déjà rencontré.

— Le chef a vu ma face à la Petite-Main, la veille de la bataille. »

Je me rappelai que, dans la guerre contre les Zoulous, ayant servi de guide à lord Chelmsford, j'avais effectivement vu cet homme. J'attendais près des wagons dont j'avais la conduite, et ce Zoulou, qui était à la tête d'une petite bande d'auxiliaires, m'exprimait

UN HOMME DE HAUTE TAILLE,
BEAU, AU TEINT CLAIR POUR UN ZOULOU, FIT SON ENTRÉE.

des doutes sur les précautions prises par l'armée anglaise. Je l'avais rembarré, en lui disant de se mêler de ses affaires et de ne pas critiquer ses chefs. La suite avait donné raison au sauvage.

« Je me souviens, dis-je; et qu'est-ce que tu veux aujourd'hui?

— On m'a dit, Macoumazahne (c'est mon nom cafre, il signifie : celui qui a l'œil ouvert), que tu pars pour une expédition avec des chefs blancs venus d'au delà de la mer. Est-ce vrai?

— C'est vrai.

— On dit que tu vas au delà du pays des Manincas. Est-ce vrai?

— Qu'est-ce que cela te fait? » dis-je brusquement.

Nous n'avions confié le but de notre voyage à personne.

« Que les hommes blancs ne s'offensent pas; si vous allez si loin, ô hommes blancs, je voudrais vous accompagner. »

Il y avait dans cette appellation « hommes blancs » quelque chose de digne qui attira mon attention.

« Tu t'oublies, lui dis-je. Ce n'est pas ainsi qu'on parle. Quel est ton nom et ton habitation, que nous sachions à qui nous avons affaire?

— Je m'appelle Umbopa, dit-il. Je suis Zoulou, et je ne le suis pas. Ma tribu habite au nord; mais j'ai été longtemps chez les Zoulous. J'ai servi Cettiwayo comme soldat. Après, je suis venu à Natal voir les blancs. Ensuite, j'ai servi contre Cettiwayo dans la guerre. Je suis fatigué d'être hors de mon pays, je voudrais y retourner. Je ne demande pas à être payé ; il me suffit d'avoir ma nourriture en échange de mes services. Je suis brave, vous n'y perdrez pas. »

La façon de parler de cet homme était singulière ; il disait évidemment la vérité, en partie au moins. Il était visible qu'il n'était pas Zoulou ; mais son offre de nous servir sans paye me parut suspecte. Je demandai conseil à mes compagnons. Sir Henry dit au jeune homme de se lever. Il obéit, laissa glisser son manteau, ne conservant que son collier de griffes de lions et son mocha (ceinture) autour des reins. Il avait plus de six pieds, et son corps était bien proportionné ; dans l'ombre, sa peau paraissait à peine brune ; sauf, çà et là, une cicatrice noire marquant la place d'une ancienne blessure d'assagai. C'était un magnifique spécimen. Sir Henry se regarda en face la figure fière et belle du sauvage. leva,

« Ils font un superbe couple, dit Good, en voyant les deux hommes l'un près de l'autre.

— Vous me plaisez, mon ami, dit sir Henry en anglais. Je vous prends à mon service. »

L'indigène comprit évidemment, car il dit en zoulou : « Fort bien ! »

Et, lançant un hardi coup d'œil sur sir Henry, il ajouta : « Toi et moi, nous sommes des hommes ! »

CHAPITRE IV

LA CHASSE A L'ÉLÉPHANT

Il serait fastidieux de raconter tout au long les aventures de notre voyage. Nous avions plus de trois cents lieues à faire, et le dernier tiers devait s'effectuer à pied, à cause des mouches (tsetsés) qui sont insupportables. Leur piqûre est fatale à tous les animaux, sauf à l'âne et à l'homme.

Nous avions quitté Durban à la fin de janvier, et, au milieu de mai, nous campions près du Kraal de Sitanda.

A Inyati, la station la plus avancée du pays des Matabélés, nous eûmes à nous séparer de notre wagon. Des vingt bœufs que nous avions au départ, il ne nous en restait que douze. Trois avaient péri de disette, un de la morsure d'un cobra. Les autres s'étaient empoisonnés en mangeant une sorte de tulipe vénéneuse. Cinq de ceux qui restaient auraient eu le même sort que les derniers; mais nous nous en aperçûmes à temps et nous leur administrâmes une infusion de la racine de la même plante, contre-poison infaillible.

Nous laissâmes notre wagon et son contenu aux soins du guide et du conducteur. Nous louâmes une douzaine de porteurs et nous partîmes pour notre expédition hasardeuse. Je me demandais si nous reviendrions chercher notre bien, et j'y comptais fort peu.

Nous avancions en silence, non sans une teinte de tristesse, quand Umbopa, qui allait devant, entonna un chant étrange : ces braves, fatigués de la monotonie de la vie, étaient allés au grand désert trouver du nouveau ou mourir. Et, après avoir longtemps marché dans les sables, ils étaient arrivés dans un beau pays giboyeux, plein de bétail gras et d'ennemis à dépouiller.

La gaieté et l'entrain d'Umbopa nous gagnèrent. C'était un aimable compagnon, doué d'un merveilleux talent pour mettre tout le monde en belle humeur.

Nous avions déjà marché quinze jours quand nous arrivâmes dans une région boisée et bien arrosée. Les pentes des collines étaient couvertes d'un buisson épais appelé ici « wacht-een-beche » (attends un peu). Il y avait aussi de grands « machabellés » couverts de leurs fruits jaunes rafraîchissants. L'éléphant aime cet arbre, et nous vîmes bientôt des signes de sa présence aux troncs brisés, déracinés. Un soir, nous fîmes halte au pied d'une colline. Le lit desséché d'une rivière témoignait encore du passage des bêtes fauves, venues là pour se désaltérer aux flaques d'eau claire comme du cristal qui s'y trouvaient éparses ; tout autour s'étendaient d'immenses forêts de buissons qu'aucun sentier ne frayait.

En remontant du bord de la rivière, nous fîmes lever une troupe de girafes. Elles détalèrent au galop avec leur allure bizarre, la queue relevée sur le dos, et leurs sabots sonnant comme des castagnettes. Elles étaient déjà loin, hors de la portée du fusil ; mais Good, qui ouvrait la marche, n'y put résister et tira. Par une chance impossible, il atteignit la dernière girafe au cou ; la colonne vertébrale fut brisée, et la girafe roula à terre en faisant une culbute fantastique.

« Diable ! mais on dirait que je l'ai abattue ! s'écria Good.

— Hou ! hou ! Bougouen ! crièrent les Cafres. Hou ! hou ! »

Ils avaient surnommé Good, Bougouen — œil de verre, à cause de son monocle immuable. Depuis ce jour, la réputation de Good fut établie parmi les Cafres. Le fait est que Good était un pauvre chasseur ; mais, dès lors, quand Good manquait son coup, on reparlait de cette girafe.

Pendant que nos Cafres dépeçaient la bête, nous nous mîmes en devoir de préparer un sherm. Pour faire un sherm, on enclot un espace avec des buissons épineux, on égalise le terrain ; au centre, on place des lits d'herbes sèches, et on allume un feu. Notre sherm était terminé, et comme la lune se levait, on nous servit notre dîner fourni par la girafe : des côtelettes et de la moelle grillée. Avant de se régaler de la moelle, il fallait naturellement casser les os, ce qui n'était pas petite affaire ; mais on en prend la peine, et volontiers, quand une fois on a goûté à ce festin incomparable. Il n'y a que le cœur d'éléphant qui puisse entrer en ligne, et, dès le lendemain, le désert nous procura ce régal.

Nous n'interrompions notre dîner que pour faire des compliments à Good, ou admirer la belle clarté de la lune. Ensuite nous allumâmes nos pipes. Nos Cafres, assis autour du feu, fumaient le daccha (drogue stupéfiante) dans des pipes dont le tuyau était fait avec une corne d'élan ; puis, un à un, ils se roulaient dans leur couverture et s'endormaient. Umbopa restait à l'écart, pensif, comme s'il n'était pas du même monde que les Cafres.

Tout à coup, de derrière les buissons, retentit un ouf ! ouf ! que je connaissais bien.

« Un lion ! » m'écriai-je.

Nous fûmes sur pied en un clin d'œil. Mais un bruit strident s'était fait entendre. Les Cafres réveillés criaient : « Incoubou ! Incoubou ! » (l'éléphant). De grandes ombres qui montaient de l'eau, se dirigeant vers les broussailles, montrèrent que les Cafres ne se trompaient pas. Good bondit, prit son fusil, s'imaginant qu'il allait tuer un éléphant aussi aisément que sa girafe de tantôt. Je le saisis par le bras et le rassis de force.

« On ne tue pas un éléphant comme un lapin de garenne, camarade! lui objectai-je.

— On se croirait dans le paradis du gibier, dit sir Henry. Ce serait vraiment dommage de ne pas profiter de l'occasion. Je suis d'avis de nous arrêter ici un jour ou deux. Qu'en dites-vous, messieurs? »

Cette sortie de sir Henry me surprit d'autant plus qu'il s'était toujours montré pressé d'atteindre son but : le pays où il retrouverait son frère. Mais, pour tout dire, j'en étais enchanté; on n'est pas chasseur de profession sans un certain amour de l'art, et, laisser échapper tous les fauves sans tirer un seul coup de fusil, me faisait tout simplement mal au cœur. Good, ne doutant de rien, mourait d'envie de montrer son adresse aux éléphants.

« Bien! bien! au petit jour, mes amis, je vous attends! Cette petite distraction ne nous fera pas de mal, » dis-je.

Et là-dessus, nous nous souhaitâmes une bonne nuit. Good se déshabilla, pliant méthodiquement ses vêtements, au fur et à mesure qu'il les retirait, et les mettant à l'abri de la rosée sous son imperméable. Sir Henry et moi, nous n'y regardions pas de si près; tous nos préparatifs consistaient à nous rouler dans notre couverture. Nos idées s'enchevêtrent, se brouillent, puis le fil s'en perd... Un cri aigu nous ramène en sursaut dans le monde réel. Qu'est-ce que c'est? Ce cri part de la flaque d'eau. Les cris se répètent, c'est celui du lion! Un bruit de lutte. Il ne nous fallut pas longtemps pour être sur pied ; en vain nous scrutions l'ombre de la nuit, nous ne distinguions que des masses confuses, s'agitant violemment. Nous attrapâmes nos fusils, et, glissant nos pieds dans nos veltschoons (souliers de peau non tannée), nous courûmes vers le théâtre de la lutte. Quand nous y fûmes arrivés, nous constatâmes que tout était calme.

Mais, sur l'herbe, gisait une grande antilope noire dont les longues cornes tenaient un lion embroché. Les deux animaux étaient morts.

Évidemment, la pauvre antilope était venue boire ; le lion que nous avions entendu rugir la guettait ; elle, quand son ennemi avait bondi, lui avait présenté les cornes d'une façon si adroite que le lion en avait été transpercé. Les deux animaux se roulant, se débattant, hurlant et mourant, n'avaient pu se séparer, et nous les trouvions haletants encore dans cette étreinte mortelle.

Avec l'aide de nos Cafres, nous tirâmes cette proie facile dans notre sherm, et, sans autre interruption, nous dormîmes jusqu'au matin.

A peine était-il jour, que nous étions déjà à faire nos préparatifs de départ : des gourdes de thé froid, la meilleure boisson, à mon avis, pour braver la chaleur et la fatigue, de la viande séchée et une bonne quantité de munitions. Un léger déjeuner, nos ordres aux Cafres qui vont dépouiller le lion et l'antilope, et en route pour la chasse !

Découvrir la trace des éléphants n'était pas difficile. Ventvogel, avec son flair d'indigène, déclara qu'il y en avait vingt à trente. Ils avaient fait du chemin dans la nuit, et il était près de neuf heures quand nous vîmes, aux arbres brisés, que nos éléphants n'étaient pas loin. Mais, à neuf heures, dire ce que le soleil était déjà chaud!... Notre ardeur chasseresse l'emporta cependant sur l'ardeur du soleil.

Enfin ! nous les voyons ! Ventvogel n'avait pas eu tort ; vingt à trente éléphants mâles, dans une dépression de terrain, ayant fini leur déjeuner, passaient leur loisir à secouer leurs grandes oreilles. Ils étaient à cent mètres de nous. Au moyen d'une poignée de sable, je vis que, s'il y avait un souffle de vent, nous étions du bon côté, et, avec mille précautions, nous arrivâmes à quarante mètres des animaux. Trois beaux éléphants étaient près de nous ; nous nous fîmes des signes, et chacun de nous visa celui qui était le mieux à sa portée.

« Feu ! » dis-je.

Les trois coups partirent simultanés. L'éléphant de sir Henry était tombé raide ; il avait reçu la balle en plein dans le cœur. Le mien s'était agenouillé ; je

l'avais cru mort, mais il se releva et s'élança sur moi.
D'un bond, je fus de côté et je lui envoyai une autre
balle. La pauvre bête s'abattit, et, fourrant de nouvelles
cartouches dans mon fusil, je courus l'achever.

Alors, je regardai ce que faisait Good; son éléphant,
reconnaissable à ses défenses formidables, avait reçu
le coup de fusil; mais il avait fait volte-face, avait
passé près de Good sans le voir, et il filait du côté de
notre campement.

Le reste du troupeau, affolé, s'était enfui.

Et nous, qu'allions-nous faire? Notre bonne chance
nous mettait en veine, malgré le soleil qui devenait
intolérable. Nous résolûmes d'abandonner l'éléphant
blessé et de poursuivre le troupeau. Dans leur course
furibonde, les pachydermes écrasaient tout sur leur
passage et laissaient derrière eux un immense sillon
facile à suivre. Mais ce qui n'était plus commode,
c'était de les approcher. Il nous fallait encore deux
heures avant d'arriver jusqu'à eux; jugez de ce qu'était
le soleil à cette heure! Enfin, nous les revîmes, ils
étaient groupés; un mâle à cinquante mètres du troupeau, montait la garde. A la façon dont ces pauvres
bêtes humaient l'air et levaient leurs trompes, il était
clair que leur inquiétude était vive. Nous convînmes
de tirer ensemble sur la malheureuse sentinelle. Les
trois coups partirent: l'éléphant tomba mort. Au bruit
de nos détonations, le troupeau s'enfuit de nouveau

III

LE RESTE DU TROUPEAU, AFFOLÉ, S'ÉTAIT ENFUI.

et se précipita dans un torrent desséché, aux rives escarpées. Nous les y poursuivîmes. Ils s'efforçaient, dans une confusion indescriptible, de remonter l'autre rive ; à voir leur panique égoïste, on aurait dit des êtres doués de raison se bousculant dans un sauve-qui-peut général. Foin du prochain ! C'était une occasion sans pareille pour nous, et nous ne perdîmes pas de temps ; cinq de ces pauvres animaux furent encore abattus. Nous aurions tué tout le troupeau, s'ils ne s'étaient enfin décidés à descendre le lit du torrent au lieu de s'obstiner à gravir une pente trop raide. Nous les laissâmes partir. En réalité, nous étions fatigués et peut-être aussi écœurés de cette tuerie. Huit éléphants en un matinée, c'était bien joli.

Nous nous reposâmes un moment. Ventvogel et Khiva se chargèrent de prendre deux cœurs d'éléphants pour notre repas, et nous retournâmes vers notre sherm. A l'endroit où Good avait blessé l'éléphant aux grandes défenses, nous rencontrâmes une troupe d'élans ; nous ne songeâmes pas à les inquiéter. Good n'avait encore jamais vu cet animal en liberté, et, les voyant arrêtés derrière des buissons, occupés à nous dévisager, il voulut leur rendre la politesse. Passant son fusil à Umbopa, il s'avança jusqu'aux buissons pour les examiner. Sir Henry et moi, nous nous assîmes, nullement fâchés d'un petit moment de repos.

Le soleil descendait dans la splendeur de ses feux ;

nous admirions ce grand spectacle, quand soudain un cri strident attira notre attention. Au même instant j'aperçus la silhouette massive d'un éléphant contre le ciel rouge, puis Good et Khiva qui s'élançaient vers nous, poursuivis par l'animal furieux. C'était l'éléphant que Good avait blessé le matin. Nous avions nos fusils à la main; mais nous n'osions pas tirer, dans la crainte d'atteindre Good ou Khiva. Dans cette course désespérée, victime de son attachement à la civilisation, Good, entravé par son pantalon, ne pouvait pas courir comme s'il avait les mouvements libres; puis, ses bottes, rendues glissantes par l'herbe sèche que nous foulions, lui jouèrent le mauvais tour de dérober la terre de dessous lui; il s'aplatit juste sous le nez de l'éléphant!

Nous ne respirions plus; nous attendions avec angoisse un dénoûment que nous ne pouvions pas empêcher, quoique nous nous fussions élancés au-devant de notre malheureux compatriote. En une seconde, l'affaire se dénoua, mais autrement que nous ne pensions. Le brave Zoulou, Khiva, voyant son maître perdu, se jeta devant l'éléphant et le piqua de son assagaï. La bête furieuse dirigea sa colère contre l'Africain, tandis que Good échappait. L'animal enroula sa trompe autour du noir, le lança à terre, posa son énorme pied sur lui et le déchira en deux.

Nous arrivions, et l'éléphant n'attendit pas longtemps son reste.

Hélas! nous n'avions pas sauvé ce serviteur dévoué. Good s'en tordait les mains, et, tout vieux routier que je suis, j'étais pris au cœur.

Umbopa contemplait le corps du pachyderme et les restes mutilés du Zoulou.

« Eh bien, dit-il en sortant de sa rêverie, il faut mourir, et c'est mourir comme un homme ! Notre tour viendra ; à chacun le sien. »

CHAPITRE V

LA TRAVERSÉE DU DÉSERT

Neuf éléphants en une fois, c'était un fameux coup. Il nous fallut deux jours pour les dépouiller de leur ivoire. Nous cachâmes nos richesses sous le sable; cela faisait un monticule très visible de loin. Les défenses étaient superbes; celles de l'éléphant qui avait tué Khiva pesaient quatre-vingts kilogrammes. Le corps de notre infortuné serviteur fut déposé dans un trou de fourmilière, avec une assagai pour protéger son voyage dans un monde meilleur.

Le troisième jour, nous reprîmes notre marche et nous atteignîmes enfin le Kraal de Sitanda, sur la rivière Lonkanga; c'était notre véritable point de départ.

Sitanda est, comme je l'ai dit, un misérable village; on y voit, çà et là, quelques habitations indigènes, quelques abris pour le bétail, puis quelques champs mal cultivés qui descendent jusqu'au bord de l'eau, pour l'alimentation de cette pauvre population. Au delà était le désert. Au-dessous de notre campement, coulait un petit ruisseau, et un peu plus loin s'élevait une pente pierreuse, celle-là même au bas de laquelle, vingt ans auparavant, j'avais aperçu le pauvre Sylvestra, lorsqu'il revenait de sa fatale expédition aux mines de Salomon. Au delà de ce monticule s'étendait le désert, couvert de broussailles appelées karou.

Le soir, quand le campement fut préparé, sir Henry et moi allâmes jusqu'à cette pente. Arrivés au sommet, nous nous assîmes ; le soleil, comme un globe de feu, descendait à l'horizon, embrasant le désert de ses rayons flamboyants. L'air était pur, et, dans un lointain très vague, on apercevait comme des lignes bleuâtres surmontées de blanc.

« Voilà, dis-je en montrant ces lignes, les forteresses qui gardent les trésors de Salomon. Y arriverons-nous jamais?

— C'est là sans doute qu'est mon frère, et, pour le retrouver, je ferai le possible et l'impossible, dit sir Henry avec son calme habituel.

— Croyez bien que vous serez secondé! » dis-je.

En tournant la tête du côté opposé, j'aperçus notre Zoulou Umbopa qui, lui aussi, semblait scruter avec anxiété les montagnes vaporeuses.

Se voyant découvert, il s'avança un peu.

« Incoubou, est-ce là-bas que tu te diriges? » dit-il

IV

VOILA LES FORTERESSES QUI GARDENT LES TRÉSORS DE SALOMON.

à sir Henry qu'il affectionnait tout particulièrement.

De son assagai il indiquait les montagnes.

Incoubou signifie éléphant; les indigènes donnaient ce nom à sir Henry.

La liberté avec laquelle ce Zoulou parlait à son maître m'offensa; je lui exprimai vivement ma façon de penser. De quel droit l'appelait-il Incoubou? car enfin, si les indigènes vous rebaptisent à leur guise, on n'en est pas maître; mais vous appeler, en vous parlant, du sobriquet qu'il leur a plu de vous infliger, c'était passer toutes les bornes.

Umbopa me regarda sans sourciller, sans insolence comme sans crainte.

« Comment sais-tu que je ne suis pas l'égal du maître que je sers? dit-il avec un rire hautain. On voit à sa stature, à son port qu'il est de sang royal; je descends peut-être de rois, moi aussi! En tout cas, comme taille, je suis son égal. Mais sois ma bouche, Macoumazahne, et répète à mon maître les paroles que je voudrais lui dire. »

Malgré tout, cet homme m'imposait, et, la curiosité aidant, je traduisis sa première question à sir Henry.

« Oui, c'est là que je vais, répondit sir Henry en me prenant pour interprète.

— Le désert est vaste, Incoubou; on n'y trouve point d'eau; les montagnes sont hautes et couvertes de neige, on ne sait pas ce qu'il y a plus loin. Que vas-tu faire là-bas, et comment crois-tu y arriver?

— J'y vais chercher un homme de mon sang : mon frère.

— Bien! reprit le sauvage; quelqu'un m'a dit qu'il y a deux ans un blanc était parti vers ces montagnes, avec un serviteur indigène. Ils ne sont pas revenus. Je ne sais si c'était ton frère; mais on m'a dit que le blanc avait ton regard et que le serviteur était Béchuana et s'appelait Jim.

— Assurément, dit sir Henry, nous trouverons mon frère où il voulait aller, car il était persévérant et avait résolu d'aller aux montagnes de Salomon. C'est là que nous devons le chercher.

— Le voyage est long et dangereux, dit encore Umbopa.

— Il n'y a rien d'impossible à celui qui est résolu d'aller jusqu'au bout. Quand on fait ce qu'on doit, il faut s'en remettre à la Providence et suivre son chemin.

— Tu as raison, mon père Incoubou. Et puis, qu'est-ce que la vie pour que nous en fassions tant de cas? C'est une plume qu'un souffle entraîne, une semence emportée çà et là; parfois elle se multiplie ici-bas, et parfois elle se développe dans un monde meilleur. Une semence voyage un peu plus, une autre un peu moins. Ensuite il faut mourir; au pis, nous ne pouvons que mourir un peu plus tôt. J'irai avec toi à travers le désert, mon père, à moins que le mal ne me fauche en chemin. »

Il s'arrêta, puis, avec un élan d'éloquence comme les Africains en ont, il s'écria :

« Qu'est-ce que la vie, ô blancs? Dites-le moi, vous qui êtes puissants, qui comprenez le secret de la terre et des astres! Vous qui, sur des fils légers, et sans voix, portez au loin vos paroles! Quel est le secret de la vie? D'où vient-elle et où va-t-elle? Vous restez muets, ô blancs! Vous l'ignorez! Nous sortons de la nuit et nous rentrons dans la nuit. Nous sommes comme un oiseau que chasse la tempête, nous venons de l'inconnu; un instant nous volons à la lumière, puis nous rentrons dans la nuit. La vie! c'est un ver luisant qui brille dans l'obscurité et qu'on ne trouve plus dès que le jour paraît; c'est une ombre qui flotte sur le gazon; le soir, elle a disparu.

— Drôle de garçon! dit sir Henry.

— Peut-être, Incoubou, vais-je aussi chercher quelqu'un de mon sang au delà de ces montagnes! »

Je me retournai vivement, et, traversé d'un soupçon :

« Que veux-tu dire? lui demandai-je.

— Je sais qu'il y a là-bas un pays de sorciers, une terre petite et riche qui nourrit des braves; il y a de grandes montagnes avec une grande route blanche. On me l'a dit. Mais à quoi bon parler de cela! Qui vivra verra. »

Je le regardai avec défiance.

Il me comprit.

« Ne crains rien, Macoumazahne; je ne suis pas un traître. Si nous arrivons là-bas, tu me jugeras, et j'en dirai plus long. La mort siège sur le chemin. Sois prudent, retourne en arrière et chasse l'éléphant et les fauves dans des contrées moins dangereuses. J'ai dit. »

En partant, il nous avait salués de sa lance, et, dévalant la pente avec rapidité, il était déjà loin quand je me retournai vers sir Henry.

« Voilà un singulier individu! lui dis-je. Il en sait trop et ne veut pas parler!

— Tant pis! Que diable! Nous sommes partis pour une série d'aventures étranges; un drôle de corps de plus ou de moins n'y fait pas grand chose. »

Je n'étais pas à mon aise quand même, mais qu'y faire?

Dès le lendemain, nous levâmes le camp. Il nous fallut encore alléger notre bagage. Un vieux naturel, au regard envieux, promit de prendre soin de nos fusils et de tout ce dont nous ne pourrions nous charger. Je lui fis peur avec une arme chargée dont il essaya de se servir. Le recul lui fit faire une culbute assez désagréable pour lui ôter l'envie d'y toucher, et, quand il s'aperçut qu'il avait tiré sur un de ses bœufs, il nous fit mettre tous ces engins ensorcelés aussi loin que possible, en nous réclamant impudemment le prix de la bête morte. Sa demande eut l'accueil qu'elle méritait. J'ajoutai que toutes les sorcelleries et les magies des blancs le poursuivraient à mort, s'il osait s'approprier un fil de notre bien. Le vieux coquin, effrayé, jura ce qu'on voulut. Sa superstition seule me rassura.

Ainsi débarrassés de beaucoup de choses, nous partageâmes le reste entre nous. Nous avions eu beau retrancher d'un côté, retrancher de l'autre, il fallait ce qu'il fallait : des armes, des munitions, de la verroterie pour cadeaux, quelques drogues en cas de maladies, des instruments de chirurgie, des compas, filtres, eau-de-vie, tabac, biltong, etc.

C'était peu, à peine l'indispensable. Nous n'emportions pas même des vêtements de rechange; mais nous étions déjà surchargés, et, sous cette latitude, le moindre poids additionnel est une cause de souffrance.

Il fallut l'éloquence persuasive de trois couteaux, objets rares et convoités, pour convaincre trois indigènes de nous accompagner une trentaine de kilomètres. Ces hommes nous portèrent notre bagage et des gourdes d'eau. Nos gourdes à nous pourraient ainsi être remplies à leur départ.

Nous résolûmes de ne voyager que la nuit. Nous nous reposerions le jour. Le lendemain soir, nous prîmes notre dernier repas de bœuf frais arrosé de thé. La lune étant levée, nous nous préparâmes à quitter ce poste extrême de la vie humaine.

Nous nous tenions tous trois les uns près des autres. Umbopa ouvrait la marche, l'assagai en main, la carabine sur l'épaule, le regard fixé sur l'étendue; un peu derrière, étaient les trois naturels de Sitanda et le Cafre Ventvogel.

« Messieurs, dit sir Henry, nous entreprenons un voyage gros de périls, dont l'issue peut être fatale. Nous sommes braves tous les trois et bien certains de pouvoir compter les uns sur les autres. Maintenant, en faisant le premier pas, élevons nos cœurs vers le Tout-Puissant, et demandons lui de vouloir bien diriger notre marche et nous avoir en sa sainte garde! »

Sir Henry se découvrit, cacha sa figure dans ses mains, et nous l'imitâmes. Nous restâmes un moment recueillis. Sir Henry ne parlait jamais de religion, mais je suis sûr que c'est un homme religieux; Good jure considérablement, et son langage laisse beaucoup à désirer; mais les marins sont naturellement portés à craindre Dieu. Moi, en tant que chasseur, je ne suis pas dévot, mais à cette heure solennelle, j'élevai une ardente prière au ciel, et je me sentis tout tranquillisé.

« A présent, dit sir Henry, au bout de quelques instants, en avant! ».

Nous étions partis. Pour nous guider nous n'avions

V

UMBOPA OUVRAIT LA MARCHE.

que les lignes indécises des montagnes lointaines et la carte du vieux Portugais. Cette carte tracée trois cents ans auparavant de la main d'un mourant dont la raison pouvait être affaiblie, était-elle digne de nous inspirer confiance? Elle indiquait une mauvaise flaque à mi-chemin dans le désert; mais, encore que cette flaque eût existé, n'était-il pas probable que la chaleur ou les sables l'avaient absorbée? Tomber droit dessus était une pure affaire de chance.

Nous marchions en silence à travers l'ombre et le sable pesant. Les broussailles nous entravaient, et le sable remplissait nos chaussures. A tout instant il fallait s'arrêter pour se déchausser. La nuit était assez fraîche, mais l'air était lourd et épais. La solitude était effrayante. Good voulut rompre ce grand silence et se mit à siffler un air d'opéra. Mais le son en était si étouffé, si lugubre, qu'il s'arrêta court.

Un moment après, nous eûmes une alerte qui changea le cours de nos idées. Good, en sa qualité de marin, ouvrait la marche, boussole en main; les autres suivaient à la queue-leu-leu. Tout à coup, Good poussa une exclamation et disparut. Aussitôt s'élevèrent des bruits extraordinaires de hennissements, et une galopade effrénée s'ensuivit. Nous aperçûmes des formes confuses qui détalaient, au milieu d'un nuage de poussière. Les indigènes, hors d'eux-mêmes, crièrent que c'était le diable, et, jetant à terre leur charge, ils s'aplatirent sur le sol, faute de retraite, pour laisser passer le mauvais esprit. Sir Henry et moi restions ébahis, ne sachant à quoi nous en prendre, quand soudain des cris de possédé attirèrent notre attention sur Good qui s'enfuyait dans la direction des montagnes. L'instant d'après, il leva les bras en l'air et tomba lourdement. Cette brusque chute me fit comprendre l'aventure. Nous étions arrivés sur une troupe de couaggas ou chevaux sauvages. Good, qui était le premier, avait butté sur un animal endormi, et la bête effrayée s'était levée brusquement, emportant Good à califourchon. Je m'élançai vers cet infortuné camarade; je le trouvai très secoué, fort étonné, mais aucunement endommagé, le monocle toujours solidement ajusté à sa place.

Nous continuâmes notre route; vers minuit, une halte et une gorgée d'eau nous reposèrent. L'eau était précieuse, nous la ménagions. Et en marche, en marche encore!

Enfin, voici l'aurore qui s'empourpre comme la joue d'une jeune fille rougissante. Puis viennent des rayons blafards, qui se changent en rayons d'or, à travers lesquels l'aurore se glisse sur le désert. Les étoiles ont pâli, elles s'évanouissent, la lune s'efface, et des flèches de lumière s'élancent de l'horizon jusque sur les plaines arides et sans bornes. Les voiles de la nuit sont déchirés et incendiés, le désert est enveloppé

FAC SIMILE DE LA CARTE DE LA ROUTE DES MINES DU ROI SALOMON
actuellement dans la possession d'Allan Quatremain, Esq.
dessinée par Don José de Silvestra avec son propre sang sur un fragment de linge en l'an 1590

dans une splendeur d'or mouvante. Le jour est venu.

Nous étions assez fatigués pour nous arrêter; mais nous savions qu'aussitôt que le soleil serait dans son plein il nous serait impossible de marcher et nous continuâmes notre route.

Un peu avant six heures, nous aperçûmes un petit monticule vers lequel nous nous dirigeâmes. Une sorte de grotte était ménagée sous cette élévation; je n'ai pas besoin de dire avec quel plaisir nous découvrîmes cet abri. Un peu d'eau et de viande séchée nous servirent de déjeuner, après quoi nous nous endormîmes.

Il était près de trois heures après midi quand nous nous éveillâmes. Nos porteurs se préparaient au départ. Tous les couteaux de la terre ne leur auraient pas fait faire un pas de plus dans le désert. Le contenu de leurs gourdes passa dans les nôtres; nous bûmes largement et nous vîmes ces hommes retourner à leur kraal.

Vers cinq heures, nous reprîmes notre marche. Le silence et la solitude nous paraissaient de plus en plus lugubres. Nous n'aperçûmes que quelques autruches et deux ou trois serpents. Un être par contre, qui ne manquait pas, c'était la mouche. Insecte extraordinaire que la mouche! Où qu'on aille, on la trouve. De tout temps elle a dû être le fléau des hommes. J'en ai vu une enfermée dans de l'ambre, où elle se conservait depuis cinq mille ans; elle ne différait en rien de ses congénères. Pour notre tourment, les mouches ne venaient pas en sentinelles isolées; c'étaient des bataillons nombreux et serrés. Je ne doute pas que, quand le dernier homme rendra son dernier souffle, une mouche bourdonnera autour de lui.

Nous fîmes une halte dans la soirée, et, avec la lune, nous voilà de nouveau à marcher; de dix heures à deux heures du matin nous ne nous arrêtâmes pas. Après une heure de repos, une étape encore jusqu'au grand jour. Nous nous jetâmes à terre et nous nous endormîmes sans songer à monter la garde. Qu'avions-nous à craindre dans cette solitude abandonnée des hommes et des bêtes? Nos seuls ennemis, — et aucun moyen de se soustraire à ceux-là, — c'étaient la chaleur, la soif et les mouches. J'aimerais mieux affronter n'importe quel danger que de me trouver devant ce redoutable trio.

Vers sept heures nous nous éveillâmes, en train de griller au soleil. Nous nous assîmes pour chercher un peu d'air.

« Pouah! m'écriai-je, essayant vainement de me débattre contre une auréole vivante qui bourdonnait gaiement autour de ma tête.

— Sur ma parole, s'écria sir Henry, en voilà des mouches!

— Mille tonnerres! dit Good en gesticulant mollement, et de la chaleur, donc! »

La chaleur, ah! quelle chaleur! Et dire qu'il n'y avait

pas la moindre espérance de trouver de l'ombre. Partout où l'œil portait, il rencontrait l'éclat éblouissant du sable, et l'air dansait comme au-dessus d'un fourneau chauffé à blanc.

« Nous n'y tiendrons pas longtemps, dit sir Henry, il faut nous abriter. »

Nous nous regardâmes tout hébétés.

« J'y suis ! dit Good. Creusons-nous un trou ; nous le couvrirons de broussailles et nous nous fourrerons dedans. »

L'idée n'était pas merveilleuse ; mais, personne n'en suggérant une meilleure, nous nous mîmes au travail, tant avec la truelle que nous avions apportée, qu'avec nos mains. Quand nous eûmes obtenu un trou de trois mètres sur quatre, nous coupâmes des broussailles dont quelques brassées couvrirent notre retraite. Nous nous glissâmes dans cette fosse, et cet abri nous fut d'abord un adoucissement. Mais, à mesure que le soleil montait, la chaleur augmentait ; nous étions dans un four. Je ne sais pas comment nous avons résisté à cette souffrance ; nous séchions nos gourdes, et, si nous nous étions écoutés, nous les aurions vidées dix fois pour une. Mais notre raison nous disait que cette petite provision d'eau était notre salut ; cela épuisé, il ne nous restait qu'à mourir.

Tout a une fin, c'est certain ; ce qui ne l'est pas, c'est de vivre assez pour voir cette fin. Cette journée eut la sienne.

Vers trois heures, nous sortîmes de notre fournaise, préférant mourir dehors plutôt que dedans.

Nous avions parcouru à peu près la moitié du désert, et la petite flaque, — si flaque il y avait, — ne devait pas être loin. Nous ne marchions plus, nous nous traînions. Lorsque le soleil eut disparu, il fallut nous coucher à terre, et nous parvînmes à dormir un peu.

Dès que la lune se montra nous nous relevâmes, je ne dis plus pour marcher, mais pour essayer d'avancer. Nous trébuchions à chaque instant, il nous fallait faire halte toutes les heures. Nous n'avions même pas le courage d'échanger une parole. Good, qui était un vrai boute-en-train, ne desserrait plus les dents.

Enfin, vers deux heures, nous atteignîmes une butte qui nous avait semblé une énorme fourmilière; elle avait au moins trente mètres de haut.

Couchés au pied de cette colline et pressés par une soif ardente, nous avalâmes nos dernières gouttes d'eau. Nous aurions bu un tonneau, et nous n'en n'avions pas plus d'un verre.

J'entendis Umbopa qui se disait :

« Si demain nous n'avons pas trouvé d'eau, nous ne verrons pas le coucher du soleil. Trouver de l'eau ou mourir! »

Cette perspective sans agrément me donna le frisson. Cependant la fatigue l'emporta. Je fermai les yeux et je m'endormis.

CHAPITRE VI

DE L'EAU !

Je m'éveillai au bout de deux heures. La soif m'empêcha de me rendormir. Je venais de rêver que je me baignais dans un ruisseau d'eau claire dont les bords fleuris étaient ombragés d'arbres verts. Le sentiment de la réalité me revint plus poignant; les derniers mots d'Umbopa me résonnaient dans l'oreille, comme un refrain : trouver de l'eau ou périr! J'eus beaucoup de peine à ouvrir mes yeux en les frottant. Il pouvait être quatre heures; le jour venait, aucune fraîcheur n'imprégnait l'air qui était déjà étouffant.

Mes compagnons, plus heureux que moi, oubliaient leurs souffrances dans le sommeil.

Dès qu'il fit un peu clair, je tirai de ma poche un petit volume des Légendes d'Ingolsby, pour essayer de changer le cours de mes idées. Inutile, car voici le passage de « La Corneille de Rheims » qui me tomba sous les yeux :

> Un gentil garçonnet prit une coupe d'or
> Avec art travaillée et pleine d'eau si pure,
> Qu'il n'en est point de telle en toute la nature.

Cette eau pure me venait à la bouche, mais seulement en imagination, car ma langue était si sèche que je ne pouvais même plus humecter mes lèvres tuméfiées... Cette eau pure! Ah! si le cardinal de la légende avait été réellement là, malgré missel, cierge, clochette et le reste, en présence de l'assemblée entière, comme je me serais précipité sur son aiguière d'eau si pure, et comme je m'en serais désaltéré! Au risque d'encourir toutes les foudres de l'Église, je ne lui en aurais pas laissé une goutte. Je me figurais l'air pétrifié du dignitaire ecclésiastique, les exclamations du gentil garçonnet, à la vue d'un chasseur sale et hâlé s'emparant sans façon de l'eau bénite. Assurément, je divaguais; la chaleur, le manque de nourriture, la fatigue y suffisaient. Le ridicule de la situation, la faiblesse peut-être, me fit rire tout haut, et mes camarades s'éveillèrent.

Après qu'ils eurent, à leur tour, frotté leur figure poudreuse et leurs yeux boursouflés, nous nous demandâmes ce que nous devions faire.

La situation était grave : plus une goutte d'eau. Nos

gourdes étaient aussi sèches dedans que dehors; en vain furent-elles renversées dans nos bouches. Good tira de son bagage la bouteille d'eau-de-vie et la regarda avec des yeux ardents.

« Non, non, Good! s'écria sir Henry en la lui prenant des mains, l'eau-de-vie en ce moment serait du feu dans nos gosiers; c'est de l'eau qu'il nous faut, ou nous n'en avons pas pour longtemps.

— Si la carte du Portugais était exacte, dis-je, nous ne devrions pas tarder à trouver cette petite mare. »

Cette réflexion ne parut pour personne un motif d'encouragement. On n'y répondit même pas. Le fait est que, depuis cette carte, il s'était passé bien des choses.

Un instant après Ventvogel se leva et se mit à marcher, les yeux rivés à terre, comme s'il cherchait quelque objet. Tout à coup, il s'arrêta court, et lançant une exclamation gutturale, il indiqua le sol.

« Eh bien! dis-je, qu'est-ce qu'il y a? »

Il indiqua une petite plante verte.

« C'est le springbok, dit l'Africain, ça pousse près de l'eau.

— Tu as raison! Nous sommes sauvés; il n'est pas possible que nous soyons loin d'une source quelconque. »

Cette faible espérance nous rendit un courage incroyable, une joie indicible; nous savions quel flair possèdent les indigènes. Ventvogel marchait toujours, reniflant de côté et d'autre :

« Je sens l'eau ! » disait-il.

A ce moment-là, le soleil se montra. Le spectacle était si grandiose que nous en oubliâmes notre soif. A cinquante ou soixante kilomètres, les montagnes de Phéba resplendissaient comme de l'argent poli.

Quelques instants les rayons du soleil illuminèrent ces montagnes altières, et les masses sombres à leur pied ; puis des brouillards les enveloppèrent peu à peu et les voilèrent à nos yeux. On ne voyait plus que des lignes brunes dans un nuage floconneux.

Alors nous revînmes à notre soif ou plutôt la soif nous revint.

Ventvogel avait beau dire : « Je sens l'eau ! » il n'en découvrait point. Nous cherchions aussi et nous ne trouvions que du sable et des buissons de karou. Nous fîmes le tour de la colline, et toujours en vain. Ventvogel persistait à lever en l'air son vilain nez retroussé et reniflant ; il répétait : « Je la sens ! Je la sens ! elle est quelque part !

— Inutile, c'est tout clair ! dis-je. Elle est dans les nuages, et, avant quelques semaines, elle tombera à torrents pour laver nos os blanchis ! »

Sir Henry caressait mélancoliquement sa barbe jaune.

« Nous ne sommes pas allés au sommet du monticule, dit-il.

I

NOUS ÉTIONS TOUS A PLAT VENTRE.

— Essayons, répondis-je; mais, si nous n'avons pas rencontré d'eau au bas de cette butte, il n'est pas probable qu'il y en ait en haut. »

Par acquit de conscience, nous partîmes pour explorer cette colline de sable. Umbopa allait en avant; tout à coup il se retourna.

« La voici ! » s'écria-t-il.

On devine bien qu'il ne fallut pas nous le répéter. Effectivement, dans une dépression du monticule, se trouvait une mare d'eau saumâtre d'une apparence douteuse. Comment elle se trouvait là, je ne me charge pas de l'expliquer. J'ai pensé que cette flaque devait être alimentée par une source souterraine, mais c'est une simple supposition. Nous ne nous attardâmes pas à l'analyser; en un bond nous étions tous à plat ventre autour de cette flaque bénie, et nous buvions comme si c'eût été le plus pur nectar de l'Olympe. Ciel! quelles délices! C'est inimaginable! Notre soif apaisée, nous arrachâmes nos vêtements en un tour de main et nous nous plongeâmes dans cette eau tiède. Oh! quel bain! Vous qui n'avez qu'à tourner vos robinets d'eau chaude et d'eau froide à volonté, vous ne savez pas quelles jouissances ce bain d'eau sale fut pour nos corps desséchés.

Quand nous fûmes suffisamment rafraîchis et reposés, nous nous assîmes au bord de cette eau salutaire, sous une roche protectrice et nous nous sentîmes affamés. Le biltong, que nous n'avions pas touché depuis vingt-quatre heures, nous sembla exquis. Nous allongeant ensuite sur le sable ombragé, nous nous endormîmes. Nous restâmes là tout le jour, bénissant la bonne étoile qui nous avait conduits à cet endroit précis, si facile à manquer dans une étendue semblable. Quelle reconnaissance nous avions aussi envers ce Portugais qui, sur sa carte, avait signalé cette source! A la nuit, fortifiés et rafraîchis, nous reprenions nos bâtons de pèlerins. Nous fîmes sans peine plus de trente-cinq kilomètres. D'eau, il n'y en avait plus; mais nos gourdes étaient pleines, et nous eûmes, quand le soleil se leva, le bonheur de rencontrer des fourmilières qui nous procurèrent de l'ombre. Le lendemain nous trouva sur la pente de la montagne gauche vers laquelle nous nous étions dirigés. Malheureusement, en deux jours, nos gourdes s'étaient encore vidées. Les tortures de la soif nous reprenaient, et nous ne voyions pas comment arriver aux neiges qui brillaient au-dessus de nous.

La base de cette chaîne était formée de lave, les montagnes qui la composaient étant évidemment des volcans éteints. Cette lave nous rendait la marche pénible. Je sais qu'il y a des ascensions plus pénibles encore que celle que nous accomplissions; il n'en est pas moins vrai que, fatigués et souffrants comme nous l'étions, cette dernière épreuve nous acheva. Nous ne pouvions plus même nous traîner. Une masse de lave attira nos regards, et nous fîmes, je ne sais par quel effort, les cent mètres qui nous en séparaient. Nous nous assîmes à l'ombre, sans courage et sans force. Nos regards errants nous firent reconnaître qu'une verdure épaisse s'étendait par taches çà et là. La lave effritée avait formé un terrain où des oiseaux avaient probablement apporté des graines. Cette verdure ne nous donna aucune consolation; à moins d'une dispensation spéciale de la Providence, comme pour Nabuchodonosor, on ne peut vivre d'herbe verte. Nous ne pouvions pas retenir nos gémissements, et, pour ma part, je me demandai par quelle aberration de toutes mes facultés pensantes, j'avais pu me laisser séduire par l'entreprise d'un voyage si parfaitement insensé.

Tandis que des réflexions amères, sans soulager ma souffrance physique, abattaient mon être moral, Umpoba faisait le tour des plaques verdoyantes qui nous entouraient. Tout à coup, cet indigène si solennel, si compassé, se baissa, se releva avec quelque chose de vert à la main, et, gesticulant comme un pantin, nous fit signe de venir. Nous nous dirigeâmes vers lui aussi vite que nos pieds endoloris nous le permettaient J'espérais qu'il avait vu de l'eau.

« Qu'est-ce que tu tiens-là, Umbopa, grand fou! lui dis-je.

— A boire et à manger, Macoumazahne ! »

Il me présenta ce qu'il tenait à la main. C'était une pastèque. Nous avions le bonheur de trouver là un champ de pastèques sauvages ; les fruits étaient abondants et parfaitement mûrs.

« Des pastèques ! des pastèques ! » criai-je à mes compagnons qui venaient derrière.

Je n'avais pas fini de parler que le râtelier de Good était déjà planté dans une pastèque. Nous mangeâmes d'abord sans prendre haleine. La pastèque sauvage est un très pauvre fruit ; mais je ne sais pas si jamais aucun fruit m'a jamais semblé si délicieux.

Notre faim et notre soif apaisées, nous raffinâmes les choses. Nous mîmes des fruits à rafraîchir. Nous les coupions en deux, et, les présentant au soleil, l'évaporation les refroidissait.

Mais la pastèque n'est guère nourrissante, et, au bout d'un moment, la faim se fit sentir de plus belle. Le biltong répugnait à nos estomacs fatigués ; d'autre part, nous étions obligés de l'économiser comme étant notre unique ressource, car nous ne savions pas quand nous pourrions regarnir notre sac à provisions. Une bande d'oiseaux vola de notre côté.

« Tire, Baas, tire, » dit tout bas le Hottentot, se jetant à terre, exemple que chacun suivit.

Je vis que ces oiseaux passeraient à cinquante mètres au-dessus de ma tête. J'attendis qu'ils y fussent presque ;

alors, saisissant ma carabine, je la levai vivement; les oiseaux se serrèrent et je tirai dans le tas. Il en tomba un gros qui pesait peut-être quinze livres. C'était une outarde. Un bon feu de broussailles fut bientôt allumé, et notre gibier, surveillé par nos yeux avides, rôtissait à merveille. Nous n'avions pas été à pareille fête depuis longtemps. Nous n'en laissâmes rien que les os. Je crois que ce repas nous a sauvé la vie.

Quand le soir fut venu, nous repartîmes, chargés de pastèques. L'air devenait maintenant plus frais, ce qui nous soulageait. Au lever du jour, nous trouvâmes encore des pastèques, et, comme nous approchions des neiges, la crainte de manquer d'eau ne nous alarma plus.

Ce soir-là, on consomma le peu de biltong qui nous restait encore. Nous ne voyions sur ce versant ni un être vivant, ni aucune trace de cours d'eau, malgré la quantité de neige; ce dernier fait nous parut étrange.

Notre crainte présentement, après avoir échappé aux dangers de la soif, c'était de mourir de faim. Pendant les trois jours qui suivirent, nous ne trouvâmes absolument rien. Aucun gibier n'habitait ces solitudes. Le froid se faisait sentir, et d'autant plus que nous sortions de la fournaise du désert. Les couvertures, que nous avions portées si péniblement jusque-là, nous devinrent dès lors d'un grand secours. L'eau-de-vie aussi; nous en prenions de temps en temps une gorgée. Nous nous serrions les uns près des autres, la nuit, pour conserver quelque chaleur. Le Hottentot Ventvogel supportait le froid avec plus de peine que nous tous.

Comme le soleil était près de se coucher, le quatrième jour, nous arrivions juste au pied du mamelon. On eût dit un immense bloc de neige gelée et polie. Le soleil teignait en rouge vif cette masse blanche et semblait jeter une couronne resplendissante au front de la montagne.

« Mais dites donc, s'écria Good tout à coup, est-ce que votre vieux Portugais ne parle pas d'une caverne dans ces parages ? Nous n'en médirions pas cette nuit.

— Il en est question dans son manuscrit, mais qui sait ?

— Allons, allons, Quatremain ! dit sir Henry, ne vous découragez pas ainsi. Je crois à don Sylvestra depuis que nous avons trouvé sa flaque d'eau. Nous trouverons aussi sa grotte, soyez-en sûr.

— Je ne demande pas mieux ; mais ce dont je suis sûr, c'est que, si nous ne nous y abritons pas cette nuit, nous n'en aurons pas besoin la nuit d'après. »

Personne ne répondit ; chacun n'était que trop convaincu de la vérité de mon assertion.

Umbopa marchait près de moi, enveloppé dans sa couverture qu'il avait étroitement serrée à la taille pour rendre sa faim petite, comme il disait pittoresquement. Tout à coup, il me prit par le bras.

— Vois-tu ce trou, là-bas? » dit-il en me montrant une fente du mamelon.

A deux cents mètres de nous, je vis, en effet, comme une ouverture dans la neige.

« C'est la caverne! » dit Umbopa.

Nous pressâmes le pas. Umbopa avait raison; c'était la caverne. Nous arrivions à temps, car à peine étais-je entré, que le soleil descendit brusquement et nous fûmes, plongés dans l'obscurité. Sous ces latitudes, il n'y a, pour ainsi dire, pas de crépuscule. Nous nous glissâmes au fond de la caverne avec précaution, et, nous mettant les uns près des autres, après avoir avalé le reste de l'eau-de-vie, — une gorgée chacun, — nous fîmes notre possible pour nous endormir. Mais le froid était trop vif pour que ce fût possible; tantôt nous sentions un membre qui se gelait, tantôt un autre, tantôt la figure; on se frottait, on se resserrait, mais on ne se réchauffait pas. Je ne croyais pas voir le matin. Quelquefois on s'assoupissait un instant pour se réveiller en sursaut, et je suis sûr que, si nous nous étions endormis tout à fait, c'eût été fini de nous; notre force de volonté seule nous rattacha à la vie.

Un peu avant l'aube, Ventvogel, dont les dents avaient claqué comme des castagnettes toute la nuit, poussa un soupir, et ses dents cessèrent de claquer. Je crus qu'il s'était enfin endormi. Son dos était appuyé contre la muraille. Le malheureux! qu'il avait froid! encore plus froid que moi, puisque je le sentais; on aurait dit de la glace.

Enfin, l'obscurité se dissipa; des flèches d'or vinrent scintiller dans la neige, et le soleil s'éleva au-dessus de la muraille de roche; il pénétra dans la caverne sur nos corps à demi gelés. Nous vîmes alors que le pauvre Hottentot était raide mort.

La répulsion naturelle du cadavre nous éloigna de lui. Nous le laissâmes tel qu'il s'était assis, les genoux serrés dans ses bras.

Le soleil à présent éclairait le fond de la caverne, et une exclamation de frayeur me fit tourner la tête. Au fond de cette grotte, qui ne mesurait pas vingt pieds de profondeur, je distinguai un autre corps.

La tête de celui-ci posait sur sa poitrine, ses longs bras décharnés étaient pendants. Je le regardai un moment : c'était un homme blanc.

Ce spectacle inattendu était au-dessus de nos forces; nous nous enfuîmes précipitamment.

CHAPITRE VII

LA ROUTE DE SALOMON

Une fois hors de cette grotte effrayante, nous nous arrêtâmes, interdits et silencieux, un peu confus de notre frayeur.

« Je vais rentrer, dit sir Henry, d'un ton décidé.

— Rentrer! dis-je, à quoi bon? Ceux qui sont là-dedans ne sont pas à cheval sur l'étiquette, ils se passeront bien de votre visite.

— Ce n'est pas cela, reprit sir Henry; l'idée m'est venue que ce mort pourrait bien être mon frère. Je me suis enfui si précipitamment que je n'ai même pas vu sa figure.

— Oh! alors c'est autre chose! Vous avez raison. Rentrons! » dit Good.

Nous revînmes donc dans cette caverne sombre; au bout d'un moment, nous y vîmes assez clair pour examiner l'objet de nos terreurs. L'infortuné qui attendait là le jugement dernier était un homme de haute taille, assis sur une saillie de la paroi et adossé au rocher. Ses traits étaient aquilins, sa moustache longue et grise, sa tête chauve, et la peau jaunie était tendue sur son crâne et sur tout son corps desséché, comme si elle eût été tannée. Pour tout vêtement, il n'avait plus que des lambeaux de bas; autour de son cou était suspendu un crucifix d'ivoire, ses mains crispées reposaient sur ses genoux.

« Ce n'est pas mon frère! dit sir Henry avec un soupir de soulagement.

— Qui peut-il être, ce malheureux égaré dans ces montagnes? dis-je.

— Qui? » répéta Good.

Il s'était baissé et avait ramassé un petit bâton qu'il me présenta.

« Vous ne devinez donc pas? Mais c'est notre infortuné guide José da Sylvestra.

— Mon cher ami! Je vous prie, pas de plaisanterie là-dessus! Il y a trois cents ans qu'il est mort, José da Sylvestra!

— Trois cents ans tant que vous voudrez! Le temps ne fait rien à l'affaire. Tenez, voyez ce petit os fendu en forme de plume, c'est l'instrument dont il s'est servi pour tracer votre carte.

— Mais, trois cents ans, Good!...

VII

MAIS C'EST NOTRE INFORTUNÉ GUIDE JOSÉ DA SYLVESTRA.

— Trois cents ans! trois cents ans! la belle objection que ces trois cents ans! Vous avez donc oublié que, dans une température très basse, la chair peut se conserver indéfiniment. Dans trois mille ans il sera encore ici, vous pouvez m'en croire, aussi bien conservé qu'aujourd'hui. Allons, venez, dégourdissons-nous; nous risquerions de lui tenir compagnie pendant les trois mille ans à venir. Je ne m'y sens pas de disposition; vous non plus, n'est-ce pas? Sortons donc!

— Tenez, interrompit sir Henry, qui examinait toujours le cadavre, voici une petite blessure au bras gauche; c'est probablement de là qu'il a tiré le sang avec lequel il a tracé sa carte. »

Je n'avais rien à répliquer. L'étonnement me paralysait. Je pris l'os fendu que Good me tendait. Sir Henry, d'un coup sec, détacha le crucifix du cou du Portugais. Nous avons chacun gardé ces souvenirs. Je tiens cette plume, comme pièce à conviction, à la disposition de quiconque doute et voudra prendre la peine de venir se convaincre.

Nous quittâmes cet antre lugubre, y laissant côte à côte, sous le niveau égalitaire de la mort, le noble Portugais de descendance illustre et le misérable Hottentot, fils sauvage d'une race dégradée.

Ce spectacle prodigieux nous avait un instant fait oublier nos souffrances; mais il ne manqua pas de nous suggérer des idées peu récréatives. Quelles raisons avions-nous pour rencontrer un sort moins rigoureux? Harassés de faim, de froid, de fatigue, il ne nous était pas possible d'aller beaucoup plus longtemps. Pour échapper à ces pensées, on se remit en marche. Nous n'avancions guère; cependant, à force de mettre un pied devant l'autre, nous arrivâmes, vers midi, au bord d'un plateau. Devant nous s'étendait une immense plaine verdoyante, et, au delà de cette plaine, nous vîmes un cours d'eau au bord duquel s'ébattaient de grands animaux. Ce devaient être des antilopes.

Une joie féroce, — puissiez-vous ne jamais la connaître, lecteur, — s'empara de nous, car ces antilopes, c'était la vie. Oui! mais nous ne les tenions pas; elles étaient même si loin que nous ne savions comment les atteindre. Après mûre délibération, dans la crainte de les effrayer en nous approchant, nous décidâmes de tirer d'où nous étions. Alors, saisissant tous trois nos fusils, nous fîmes feu ensemble. Et, ô joie, malgré la distance, nous reconnûmes que notre bonne étoile avait voulu qu'un de nos coups portât. Good crut, naturellement, que c'était le sien. Une belle antilope gisait à terre. Oubliant notre faiblesse et nos pieds meurtris, nous ne fûmes pas longs à descendre auprès de notre victime. C'était un inco, mais je vous prie de croire que nous ne l'examinâmes pas longtemps. En un tour de main la bête fut éventrée, et son foie et son cœur encore palpitants furent devant nous. Tout affamés que nous étions, nous nous regardâmes un instant, retenus par un préjugé de la civilisation : de la chair toute chaude encore et crue...

« Bah ! bah ! s'écria Good, quand on meurt de faim, on ne fait pas les difficiles ! Passez-moi ça ! »

Il prit les viscères de l'antilope, les lava à grande eau dans le ruisseau glacé qui coulait tout près, et chacun de nous, sans plus de façons, se jeta sur la nourriture. Nous la dévorâmes, et, pour dire toute la vérité, je dois ajouter qu'elle nous parut incomparablement exquise. La faim est le meilleur des cuisiniers, et nous ne fîmes pas mentir le proverbe.

Nous fûmes assez prudents et maîtres de nous, pour ne pas surcharger nos estomacs longtemps privés ; mais nous prîmes la précaution de couper de bonnes tranches de viande, en vue d'un prochain repas.

Une vie nouvelle circulait maintenant dans nos veines. Rafraîchis, fortifiés, nous reprenions notre marche presque allègrement.

« Voyez, dit bientôt sir Henry, est-ce que votre carte ne mentionne pas une grande route ? »

— Oui, » répondis-je, levant les yeux, j'aperçus une longue ligne blanche sinueuse qui contournait des montagnes lointaines et se perdait dans la direction du désert.

Ce devait être la route de don Sylvestra.

« Tirons par là, suggéra Good, nous verrons ee quoi il retourne. »

On obtempéra à l'idée de Good, et, au bout d'une heure, nos pauvres pieds meurtris foulaient une belle grande route, large, facile, unie comme une voie romaine. Nous ne nous étonnions plus de rien. Cette superbe voie ne nous arracha pas un cri d'admiration. Bientôt nous découvrimes une plaine magnifique, bornée dans le lointain par d'autres montagnes. Rien de plus saisissant que le spectacle qui se déroulait à nos yeux : des bois, des cours d'eau sinueux, des terres cultivées, des troupes d'animaux, rien n'y manquait, pas même des huttes.

« Old England for ever! cria Good, mais ça m'est égal, voilà un paysage dont nous ne dirons pas de mal! »

Nous avions maintenant quitté les régions dénudées. Çà et là, quelques broussailles faisaient leur apparition; bientôt nous arrivâmes à la terre labourable, et nous nous trouvâmes dans un petit bois. A mesure que nous descendions, l'air devenait doux, la végétation changeait de caractère; des brises attiédies nous apportaient des parfums et nous emplissaient de la joie de revivre.

« Nous pourrions bien nous arrêter un peu, dit Good. Notre premier déjeuner n'était qu'un acompte et fort léger; je me sens de taille à entreprendre quelque chose de plus sérieux. Qui formule des objections? »

Personne ne parla en sens contraire. Nous eûmes promptement ramassé assez de broussailles et de bois sec pour allumer un bon feu, et nos tranches d'antilope ne tardèrent pas à se balancer devant la flamme, au bout des bâtons pointus, à la façon des Cafres. Les Cafres ne sont peut-être pas les meilleurs cuisiniers du monde; mais le plus grand cordon-bleu de Paris n'aurait sans doute pas tiré meilleur parti des circonstances.

A notre estimation, ce second déjeuner ne fut nullement inférieur au premier. Ensuite, rien ne nous pressant, nous avions tout le loisir de nous reposer. Tout nous y invitait : le bien-être, l'endroit ravissant, l'ombre rafraîchissante... J'allais succomber aux douceurs du sommeil; je regardai ce que faisaient mes camarades, et je vis que Good manquait à l'appel. Je le cherchai des yeux et ne tardai pas à l'apercevoir. Pauvre Good! l'instinct du respect de sa personne, un instant oublié, reprenait ses droits. Il faisait ses ablutions dans le clair ruisseau où nous nous étions désaltérés. Ensuite, revêtu simplement de sa chemise de flanelle, il passa ses vêtements en revue. L'inspection n'était pas favorable, car il hochait la tête d'une façon grave. Il secoua chaque pièce avec soin, la plia précieusement et la mit au pied d'un arbre. Vint le tour des bottes. Pauvres bottes, elles étaient rudement endommagées! Good les essuya avec une poignée de fougères, les frotta consciencieusement avec un bout de graisse d'antilope, conservée par lui à cette seule fin. Ensuite il les remit à ses pieds. Il prit alors la petite glace de son nécessaire de poche et s'inspecta lui-même. Il passait et repassait la main d'un air inquiet sur ses cheveux et sa barbe qui avaient crû au delà des limites assignées. Une petite brosse et beaucoup d'énergie eurent un certain effet sur la chevelure. Restait cette barbe de dix ou douze jours! « Jamais au grand jamais, pensais-je, il n'aura l'idée de se raser!... » Eh bien, si! C'était justement ce que Good ruminait. Il lava la graisse qui avait servi à ses bottes et s'en frictionna vigoureusement un côté de la figure; après quoi, saisissant son petit rasoir de voyage, il se mit en devoir d'abattre cette barbe. L'opération était ardue, les contorsions de sa figure et ses gémissements en faisaient foi; cependant, il continuait cette besogne ingrate avec un courage superflu. Cette toilette risible m'avait réveillé. Tout à coup, je vis un trait brillant passer au-dessus de la tête de Good.

« Sapristi! s'écria Good, on n'aura donc pas même le loisir de se raser dans ce pays-ci! »

Me tournant du côté où était parti le trait, je vis quelque chose qui ne me rassura pas.

A quelque cinquante mètres de nous se tenait une bande de sauvages; leur attitude hostile, leurs armes, leur taille, me donnèrent à penser.

« Camarades! m'écriai-je, ouvrons l'œil et le bon! »

Sir Henry et Umpoba, qui n'étaient ni obtus ni manchots, ne se le firent pas répéter.

Nous avançâmes l'arme au bras vers ces indigènes, beaux gaillards, bâtis à chaux et à sable. Je ne vis pas quel était leur costume, du reste assez léger; ce qui me tirait l'œil c'étaient leurs armes, des lances très affilées, qu'ils tenaient à la main, et de grands couteaux qui se balançaient à leur côté.

Sir Henry coucha en joue ces sauvages. Eux, étonnés et tranquilles, suivaient son mouvement sans inquiétude. Je compris que les armes à feu leur étaient étrangères.

« Camarade, dis-je, essayons d'abord de la persuasion, nous verrons ce que nous aurons à faire ensuite. »

Le fusil fut abaissé, et, tout en ayant l'œil sur les armes des nouveaux venus :

« Salut! » dis-je en zoulou.

Comme c'était la seule langue africaine que je connusse, je n'avais pas l'embarras du choix. A ma grande surprise, celui qui paraissait le chef me répondit dans une langue analogue, que je compris facilement :

« Salut! »

Il continua :

« Qui êtes-vous? Que venez-vous faire ici? Pourquoi vos faces sont-elles blanches, et pourquoi celle de celui-ci ressemble-t-elle aux fils de nos mères? »

Il indiquait Umbopa, qui, effectivement, avait leurs proportions et leur teint.

« Nous sommes de loin, dis-je, d'au delà de ces montagnes et des mers salées. Celui-ci est notre serviteur.

— Vous mentez, répartit le chef, on ne traverse pas ces montagnes où la mort dévore tout ce qui s'y hasarde. Mais qu'importent vos paroles de mensonge! Vous allez mourir, car aucun étranger n'a le droit de venir chez les Koukouanas. C'est la loi royale. Seragga, apprête ton couteau, et vous, soldats!...

« Qu'est-ce qu'il baragouine, ce vieux hibou? dit Good impatienté.

— Il dit qu'ils vont essayer leurs couteaux sur notre peau, et sans doute nous mettre à la broche après.

— Sapristi! » s'écria Good alarmé et non sans cause, car les sauvages s'empressaient de saisir leurs couteaux.

Et, comme à son habitude quand il est perplexe, Good porta la main à son râtelier qu'il détacha d'en haut et laissa revenir à sa place avec un claquement.

Ce mouvement n'échappa point aux sauvages.

Ils se reculèrent avec des cris d'effroi.

« Good! s'écria sir Henry qui vit un parti inespéré à tirer de ce râtelier, ôtez vos dents! Ils ont eu peur! »

Good glissa ses dents dans sa manche de chemise.

« Ouvrez la bouche, dit sir Henry, montrez-la leur sans dents! »

Good obéit. A cette vue, les sauvages jetèrent un long cri de terreur.

« Remettez vos dents, Good! »

Good passa sa main devant sa figure, fit une grimace aux sauvages et leur montra ses deux belles rangées de dents blanches.

La frayeur des naturels n'avait plus de bornes; ils s'étaient jetés à terre, le jeune homme appelé Seragga se roulait sur l'herbe, le vieux chef tremblait si fort que ses genoux se heurtaient.

« Je vois, dit-il, que vous êtes des esprits. Jamais homme né de femme n'a eu des cheveux d'un côté de sa tête et pas de l'autre, un œil rond et transparent; des dents qui s'en vont et reviennent. Pardonnez-nous, seigneurs! »

C'était une chance incroyable, je la saisis au vol.

« Nous vous pardonnons, dis-je d'un air superbe. Votre réception mérite vengeance et d'un bruit nous pourrions glacer de mort la main impie de celui qui a lancé son couteau à l'homme aux dents enchantées…

« Épargnez, épargnez-le, dit le chef. C'est le fils du roi. Je suis responsable…

— Si vous doutez encore de notre puissance, continuai-je sans paraître écouter, vous allez en avoir une autre preuve. Voyez-vous cette petite antilope là-bas?

— Chien d'esclave, dis-je à Umbopa, passe-moi le tube enchanté. »

Umbopa comprit, me présenta un fusil :

« Tenez ! si vous avez envie de viande, allez ramasser cette bête ! »

Tout en parlant, j'avais épaulé mon fusil, ajusté et tiré sur une petite antilope qui broutait paisiblement. Les sauvages, étourdis du bruit de la détonation, ne savaient plus où ils en étaient.

« Allez donc la chercher ! » répétai-je simulant l'impatience.

Sur un signe du vieillard, deux hommes se dévouèrent et revinrent avec l'animal tué. Cette exhibition de notre pouvoir eut l'effet que nous en attendions.

« Si l'un de vous a encore quelque doute, dis-je, qu'il aille là-bas, où était l'antilope ; vous verrez ce que le tube enchanté lui dira. »

Aucun des sauvages ne s'avisa de profiter de mon offre.

Enfin, le fils du roi parla :

« C'est bien, dit-il. Toi, mon oncle, vas-y. Ce tube qui a tué une bête ne saurait rien contre un homme. »

Le vieux sauvage fut offensé.

« Non, non, dit-il vivement. Quant à moi, j'en ai vu assez. Ce sont des sorciers. Menons-les au roi. Si quelqu'un a besoin de preuves plus convaincantes, qu'il aille lui-même sur le rocher et que le tube lui parle. »

Personne ne s'exposa à une conversation avec nos fusils.

« Ne dépense pas ta magie sur nous, dit l'un des Koukouanas, nous n'avons plus de doute. Les sorciers de notre pays tous ensemble ne feraient pas ce que tu fais. »

Alors le vieux chef nous donna quelques renseignements. Il s'appelait Infadous. Son frère Touala était roi des Koukouanas et il accompagnait Seragga, fils unique du roi, à une partie de chasse.

« Mène-nous vers le roi, interrompis-je.

— Que mon seigneur prenne patience, dit-il. C'est à trois jours de marche. Allons jusqu'au kraal. »

Le vieillard murmura : « Koum! » et fit un geste aux hommes de sa suite qui s'emparèrent de notre léger bagage. Ils nous laissèrent nos fusils qu'aucun n'osait toucher. Les effets de Good soigneusement pliés furent aussi emportés. Good protesta.

« Que mon seigneur aux dents enchantées ne les touche pas, dit Infadous, ses esclaves porteront tout.

— Mais je veux m'habiller! » s'écria Good.

Umbopa eut beau traduire.

« Non, non, mon seigneur, répétait le chef. Mon seigneur voudrait-il cacher ses belles jambes blanches aux yeux de ses serviteurs? »

Et pendant la discussion, les porteurs étaient partis avec les effets de Good.

« Diable! vociférait Good, le scélérat, m'enlever jusqu'à mon pantalon!

— Tenez, Good, dit sir Henry, autant en prendre votre parti tout de suite. Vous êtes apparu ici sous un certain jour qui vous donne un prestige assuré; désormais, vous ne porterez jusqu'à nouvel ordre que cette chemise de flanelle, vos bottes et un monocle; votre barbe sera coupée d'un côté et pas de l'autre. Estimez-vous heureux d'avoir vos bottes et d'être sous un climat si doux. »

Good comprit la situation, il y mit du sien pour s'y habituer; mais il ne put jamais se faire à ce costume trop primitif.

CHAPITRE VIII

TOUALA LE ROI

Nous partîmes sous la conduite du vieux sauvage, qui se montra dès lors très courtois. La belle voie facile que nous suivions semblait une chaussée romaine. Cette route merveilleuse passait sur des ravins comblés ; des pierres amoncelées formaient des piliers solides. Plus loin, taillée dans la roche vive, elle contournait un précipice. Nous traversâmes aussi une sorte de tunnel long d'une dizaine de mètres ; à cet endroit, des figures étranges et des caractères du genre des hiéroglyphes en couvraient les parois.

« Tiens ! tiens ! dit sir Henry, voici du travail égyptien ou je ne m'y connais pas. »

Je me tournai vers Infadous pour avoir quelque explication, mais il ne savait pas grand'chose.

« Un peuple qui était ici longtemps avant nous a fait ce chemin, dit-il ; je connais peu de chose de son histoire ;

mais mon seigneur pourra parler à Gagoul, la sorcière; elle en sait plus que les autres. Notre peuple est venu ici il y a dix milliers de lunes, et, voyant le pays fertile et beau, il y est resté. Aujourd'hui, Touala, le puissant, règne sur un peuple nombreux comme le sable du désert; quand il appelle ses soldats, les plumes de leurs têtes couvrent la terre.

— Mais, dis-je, à quoi bon tant de soldats? Vous n'avez pas de guerre, puisque vous êtes défendus par des montagnes.

— Au nord le pays est découvert. C'est là qu'est le danger. Il y a eu une guerre du temps de cette génération; ensuite nous avons eu une guerre intérieure. Mon père, le roi Kafa, eut deux fils jumeaux. La coutume, ici, est de faire périr le plus faible des deux. La mère du roi eut pitié de l'enfant destiné à la mort; elle le cacha et le donna à la sorcière Gagoul, qui l'éleva en secret. L'autre enfant, Imotu, devint roi à la place de notre père. Mais, après la grande guerre, le roi Imotu, encore malade d'une blessure, restait dans sa hutte. Le peuple murmura à cause de la disette qui avait suivi la guerre. La sorcière Gagoul en profita pour présenter au peuple l'autre enfant jumeau; elle prétendit qu'il était le roi légitime. Entendant le tumulte, le roi Imotu sortit; son frère jumeau se jeta sur lui et le tua. La femme d'Imotu était près de son mari, avec son fils Ignosi âgé de trois ans. Quand elle vit son seigneur mort, elle saisit l'enfant et s'enfuit. On la vit errer dans les kraals, à quelques journées de la résidence royale, et on dit qu'elle s'en alla vers le désert. Elle a dû y mourir avec l'enfant.

— Alors, dis-je, si cet enfant vivait, il serait le roi légitime.

— Mon seigneur a parlé juste. »

Je me retournai pour voir ce que faisaient mes compagnons. A ma grande surprise je me heurtai contre Umbopa, qui écoutait avidement le récit du vieux chef. Good, fort maussade, n'était occupé qu'à réprimer les mouvements tumultueux de ses pans de chemise.

Nous n'étions plus loin du kraal. Tout à coup, nous vîmes déboucher, au tournant de la route, une troupe d'hommes dont l'allure martiale nous frappa. Ils portaient de grands boucliers de peau de bœuf, et pour armes des lances et des couteaux ; à leurs pieds des chaussures de cuir ornées de queues de bœuf, autour du corps, une large ceinture de peau de bœuf blanc servant à retenir les couteaux. Ils défilèrent avec ordre et vinrent s'échelonner sur une pente où nous allions nous engager. Nous restâmes surpris de la promptitude avec laquelle chaque mouvement était exécuté. Il y avait là environ trois mille hommes.

« C'est mon régiment, dit Infadous ; j'avais envoyé un coureur prévenir de votre arrivée, et ils sont venus saluer mes seigneurs. »

Lorsque nous passâmes devant le régiment, Infadous leva sa lance ; aussitôt, comme un grondement lointain du tonnerre, retentit le salut formidable de ces trois mille poitrines : « Koum! » c'était le salut royal. Puis, toujours avec le même ordre et la même discipline, ces hommes reprirent leurs rangs et nous escortèrent au kraal.

Bientôt nous aperçûmes ce village africain. Il était entouré d'un fossé et d'une palissade ; des ponts-levis primitifs donnaient accès dans la place, et, quand nous fûmes à l'intérieur, nous vîmes que ces sauvages avaient pourtant quelques notions de la topographie d'une ville. Une grande voie partageait le kraal en deux ; elle était coupée à angles droits par des rues plus étroites. Des femmes indigènes, attirées par la nouveauté du spectacle, se montraient, grandes, jolies pour des Africaines, la figure intelligente, les yeux fort doux, les lèvres moins épaisses que ne les ont d'ordinaire les négresses, et je n'entendis pas de leur part une remarque incongrue. Les belles jambes blanches de Good excitaient bien quelques exclamations, mais rien d'indiscret ni de malséant. Enfin, Infadous nous désigna un enclos, regrettant de n'avoir à nous offrir que ces misérables quartiers. L'enclos était entouré d'une palissade, la terre était battue et semée de chaux pulvérisée. Au centre s'élevaient quelques huttes dont les portes étaient assez larges pour qu'on pût entrer sans se baisser. Nous y trouvâmes des peaux pour couches, et des vases pleins d'eau où nous nous lavâmes avec bonheur. Nous n'avions pas encore fini l'inspection des lieux, que des jeunes gens nous amenèrent un bœuf gras. L'un d'eux abattit la bête et la dépeça promptement. Une jeune personne très avenante se trouvait là, pour faire cuire, hors des huttes, les meilleurs morceaux. Nous distribuâmes ce qui restait aux jeunes gens, et, quand notre viande fut prête, j'envoyai chercher Infadous et Seragga pour les prier de prendre ce repas avec nous.

Infadous fut flatté de cet honneur. Il se montra gai et fort aimable; mais Seragga, nous voyant sujets aux mêmes faiblesses que les gens de son peuple, faim, soif, fatigue, sommeil, commença à s'affranchir de la frayeur que nous lui avions d'abord inspirée. J'avoue que ce ne fut pas sans appréhension que nous observâmes ce revirement.

Ce repas fini, je demandai à Infadous s'il ne nous serait pas possible de continuer notre voyage dès le lendemain.

Il avait, nous dit-il, donné ses ordres pour notre départ au point du jour.

Quand nous fûmes seuls, nous tirâmes toutes les couches dans la même hutte et nous tînmes nos fusils armés. L'un de nous monta la garde en cas de trahison, et les autres prirent quelques heures de repos.

Le soleil n'était pas encore levé, que les envoyés du vieux chef étaient à notre porte.

« Notre maître attend le bon plaisir des seigneurs blancs », nous dirent-ils.

Nous fûmes prêts en peu de temps, et nous reprîmes notre marche. Aucun incident ne marqua notre voyage. Vers le soir du deuxième jour, Loo, la résidence royale, s'étendait devant nous. C'est une grande place bien située ; une rivière, traversée de ponts, la coupe en deux parties égales, et des rues transversales la partagent en carrés réguliers. Un fossé et une forte enceinte de pieux la garantissent contre les attaques extérieures. Nous étions attendus, Infadous ayant envoyé un courrier avertir le roi. La sentinelle qui gardait la porte, sur le mot de passe du vieux chef, nous abaissa le pont-levis et nous salua. Infadous nous fit traverser une grande partie du kraal, ce qui permit à la curiosité indigène de se satisfaire à nos dépens. Il s'arrêta devant un enclos plus grand et mieux fait que celui qui nous avait abrités précédemment.

« Que mes seigneurs veuillent nous pardonner de n'avoir rien de mieux à leur offrir ! » dit-il.

Quand il nous eut quittés, nous examinâmes nos huttes ; elles étaient plus spacieuses que les premières ; les lits étaient faits de matelas de plantes aromatiques et de peaux superbes. A peine avions-nous regardé autour de nous, que des jeunes filles entrèrent sans crier gare. Elles apportaient des épis de maïs bouillis et fort proprement disposés sur des plateaux de bois, des viandes cuites, du miel, des fruits et des jattes de lait. Nous fîmes honneur à cet envoi, et, notre faim calmée, nous nous couchâmes.

Aucun accident n'interrompit notre sommeil. Les femmes qui nous avaient servis la veille guettaient notre réveil, munies d'eau fraiche et prêtes à nous aider. Nous congédiâmes ces aimables femmes de chambre, et notre toilette ne fut pas longue. Good demanda ses vêtements; mais il dut s'incliner devant la fatalité; ses effets avaient été portés chez le roi!

Vers onze heures, Infadous vint nous avertir que le roi nous attendait. Nous fîmes quelques excuses pour n'avoir pas l'air de nous presser; nous mîmes une heure à préparer une poignée de miroiterie et un fusil comme cadeaux. Les sauvages s'imaginent qu'on les craint quand on se rend de suite à leur invitation. Nos armes ne furent pas oubliées.

L'enclos royal était plus grand que les autres, il était même immense. Au centre s'élevaient des huttes spacieuses et très soigneusement construites. L'espace vide était rempli de soldats, immobiles comme des statues de bronze. Après avoir traversé l'enclos sous les regards de tous ces guerriers, nous fûmes conduits par Infadous et son escorte jusque auprès des huttes royales.

Un silence accablant nous environnait; pas un homme ne bronchait. Oppressés par ce calme, nous prîmes place sur des sièges qui nous avaient été préparés. Nous étions anxieux quand même. Cette force armée, si bien disciplinée, ne pronostiquait rien de bon. Tout à coup, un mouvement se fit du côté de la hutte. Un homme de stature élevée sortit; il était enveloppé d'une peau de tigre. Derrière lui venait Seragga, que nous connaissions déjà, et un petit être, que je pris pour un singe, se faufila à terre et courut se blottir à l'ombre de la hutte.

Quand le roi fut arrivé à la place qu'il devait occuper, il laissa tomber son manteau, et la vue de cet homme nous causa une vive inquiétude. C'était une sorte de géant qui devait être d'une force herculéenne; il avait des lèvres épaisses, le nez écrasé; un de ses yeux noirs brillait méchamment, tandis que l'autre œil, absent, présentait une cavité horrible. Son expression était cruelle et sensuelle. Sa tête crépue était surmontée de plumes d'autruches blanches; une cotte de mailles recouvrait son corps, au-dessous des genoux, il portait l'ornement national des queues de bœuf; à la main, il tenait une gigantesque lance; à son cou brillait un collier d'or, et son front était ceint d'un splendide diadème.

VIII

UN HOMME DE STATURE ÉLEVÉE SORTIT.

Le roi leva sa lance ; une forêt de lances se dressa et mille voix répétèrent trois fois, à l'unisson, le salut royal :

« Koum ! »

Le silence se rétablit. Presque aussitôt, il fut interrompu ; un soldat avait laissé tomber son bouclier, qui résonna sur le terrain durci.

Touala tourna son œil farouche vers le soldat maladroit.

« Avance ! » dit-il.

On vit le malheureux blêmir sous sa peau noire. Il sortit des rangs.

« C'est toi, chien malhabile, qui me déshonores devant ces étrangers ?

— C'est un accident, dit le jeune homme humblement.

— Tu le paieras de ta vie ! ricana le roi. Seragga, ta lance est-elle bien affilée ? »

Seragga eut un rire cruel. Le condamné se couvrit la figure de sa main, sans essayer de faire un mouvement. Nous étions pétrifiés d'horreur.

Une, deux, trois ! Seragga avait balancé son arme, et l'avait passée à travers le corps du soldat, qui étendit les bras et tomba sans un cri.

Sir Henry s'était levé ; mais, subjugué par le grand silence, il s'était rassis aussitôt.

« C'est bien ! dit le roi. Seragga ! tu iras loin. Emportez ce chien ! »

Des hommes sortirent de derrière la hutte, prirent le corps et disparurent. Une jeune négresse s'avança ensuite, qui couvrit les taches de sang avec de la poudre de chaux.

Quand toute trace du meurtre eut disparu, au milieu du silence, Touala se tourna vers nous :

« Hommes blancs ! dit-il, qui êtes-vous ? Que venez-vous faire ici ?

— Nous venons d'au delà des montagnes et des déserts pour visiter vos campagnes ; que ceci te suffise, ô roi !

— Vous venez de bien loin pour voir peu de chose, dit-il, et vous avez le verbe bien haut. Souvenez-vous que votre pays est éloigné et que je suis le maître ici. Je pourrais bien faire de vous ce que mon fils a fait de ce soldat maladroit. »

Je ne savais que trop que nous étions à sa merci, et j'en étais fort anxieux ; mais je fis bonne contenance.

« Tes hommes ne t'ont donc pas dit qui nous sommes et notre puissance ? répliquai-je d'un ton aussi dégagé qu'il me fut possible. As-tu jamais vu personne qui ressemble à celui-ci ? »

J'indiquai Good.

« Non, dit le roi, je n'ai jamais vu aucun homme pareil. On m'a instruit de votre puissance, mais je n'y crois pas. Abattez un des hommes qui sont là-bas ; que je voie, alors je croirai.

— Nous ne tuons pas les hommes sans raison, répliquai-je, fais sortir un bœuf du kraal, et tu verras !

— Si vous ne voulez pas tuer les hommes, c'est que vous ne le pouvez pas, dit-il.

— Alors, va à la porte de ton enclos, ou envoies-y ton fils, tu verras.

— Tu es bien audacieux, dit-il, évidemment mal à l'aise. Qu'on fasse sortir un bœuf.

— Vous tirerez, sir Henry, dis-je, pour qu'il ne me croie pas le seul sorcier de la société. »

Un moment après, un bœuf s'acheminait lentement vers la porte du kraal. Sir Henry l'abattit du premier coup. Le bœuf roula les quatre pieds en l'air. Un murmure d'étonnement s'éleva des rangs de ces soldats jusque-là silencieux.

Je me tournai froidement vers le roi :

« T'ai-je trompé, ô roi ?

— Non, dit-il étonné et certainement effrayé.

— Eh bien ! vois combien nos intentions sont bienveillantes. »

Je lui présentai le fusil qui avait servi au pauvre Ventvogel.

« Nous te donnons un tube enchanté comme les nôtres ; je vais m'en servir devant toi ; tu jugeras s'il est bon. Mais je te recommande de n'en user contre aucun homme, cela te porterait malheur. Fais planter une lance en terre aussi loin que tu voudras. »

Quand la lance fut plantée, je tirai dessus; elle vola en éclats. Je remis l'arme au roi qui la reçut craintivement et la posa à ses pieds.

Alors le petit être que j'avais pris pour un singe se leva, et je m'aperçus que c'était une vieille femme ratatinée, maigre, sèche, horrible à voir; sa figure n'était qu'un amas de rides, et, n'eussent été ses grands yeux noirs très pleins de vie, on aurait dit une tête de mort.

Elle s'avança vers le roi, étendit sa main décharnée, armée de longues griffes pointues, et elle s'écria d'une petite voix aiguë :

« Écoute, roi ! Écoute, peuple ! Ciel, terre, morts et vivants, écoutez ! Je prophétise ! Je prophétise ! »

Ses paroles expiraient en une faible plainte, tandis que la terreur s'emparait de chacun des auditeurs et de nous-mêmes.

La vieille femme reprit :

« Du sang, du sang ! Ce sont des rivières de sang ! Je le flaire, je le vois ! Quelle odeur que celle du sang ! Je m'en repaitrai encore ! Je vois des empreintes, ce sont les pas du blanc. La terre tremble sous son maitre. Je suis vieille ! J'ai vu beaucoup de sang répandu ! J'en verrai encore. Les vautours poussent des cris de joie ! L'homme blanc vient. Malheur ! Malheur ! Dites-moi qui a fait cette grande route ? Qui a creusé ces abimes et a dressé ces trois Solitaires qui veillent là-bas ?

Vous l'ignorez ! Eh bien ! C'est le peuple blanc qui était ici avant vous.

« Que veulent-ils, ces blancs si sages, experts en artifices et en sorcellerie ? Qu'est-ce que vous cherchez ? Celui que vous avez perdu, ô blancs ? Il n'est pas venu ici. Depuis des siècles il n'est venu ici qu'un seul blanc, et il est mort. Vous cherchez des pierres brillantes ? Eh bien, vous en trouverez quand le sang sera séché. Alors resterez-vous avec moi ?

« Et toi, dit-elle en se tournant vers Umbopa, ton maintien est bien fier ! Ce ne sont ni des pierres brillantes ni du métal jaune qu'il te faut. Je flaire le sang qui coule dans tes veines. Ote ta ceinture !... »

A ces mots, la vieille sorcière fut prise comme d'une attaque d'épilepsie, et on l'emporta.

Le roi était troublé. Il fit un signe, et tous les régiments défilèrent.

« Blancs ! dit-il. Gagoul a prononcé des paroles étranges. J'ai envie de vous tuer.

— Mal t'en adviendra, dis-je. As-tu vu tomber le bœuf ?

— On ne menace pas le roi ! s'écria-t-il.

— Je ne le menace pas, je l'avertis. »

Le géant passa la main sur son front.

« Allez ! dit-il. Cette nuit nous aurons une grande danse. C'est la fête des sorcières ; je vous y invite. Demain, je verrai ce que je dois faire.

— C'est bien ! dis-je. Fais attention, car tes mauvais desseins ne seraient pas impunis. »

Nous nous levâmes et regagnâmes notre hutte. Dire que nous étions à notre aise, ce ne serait pas l'expression de la vérité.

CHAPITRE IX

FÊTES AFRICAINES

Infadous nous accompagna jusque dans notre hutte.

« Vous avez là un roi joliment expéditif, » dis-je quand nous fûmes seuls avec lui.

Le chef soupira.

« C'est un homme cruel, dit-il. Il y a longtemps qu'il tyrannise le peuple. Ce soir aura lieu la danse des sorcières. Vous aurez un échantillon de la manière dont il nous traite. Il suffit qu'un sujet lui porte ombrage, fût-ce le plus grand chef ou le plus misérable esclave, pour que le roi le fasse exécuter. Le pays gémit sous cette main impitoyable.

— Eh bien! repris-je, pourquoi tolérez-vous cet état de choses? On le renverse, ce roi!

— Monseigneur ignore-t-il que Seragga est l'héritier légitime! Le cœur du fils est encore plus noir que celui de son père. D'une façon comme d'une autre, le peuple n'a rien de bon à attendre. Oh! si-le fils d'Imotu vivait encore! »

Umbopa s'était levé et, s'approchant du chef :

« Peut-être que l'enfant Ignosi n'est pas mort, dit-il, peut-être reviendra-t-il pour reprendre sa place?... »

Infadous regarda Umbopa froidement, avec mécontentement.

« Qui es-tu, dit-il, et qui t'a donné la parole pour que tu interrompes tes supérieurs?

— Écoute-moi, ô chef! dit Umbopa sans se laisser décontenancer, Ignosi n'est pas mort. Sa mère n'a pas péri dans le désert, comme tu le penses. Quand elle eut quitté les kraals inhospitaliers, elle arriva dans les plaines brûlantes où elle rencontra des chasseurs. Ils eurent pitié d'elle, ils l'emmenèrent chez les Zoulous. Là, elle éleva son fils, elle l'instruisit du pays de sa naissance; elle lui dit qui était son père et à quel trône il avait droit. Lui, il a longtemps voyagé, il a beaucoup appris dans le pays des blancs. Mais il réclamera son royaume et fera rendre gorge à l'usurpateur.

— Comment sais-tu cela? dit Infadous, tellement étonné qu'il en oubliait la liberté qu'avait prise Umbopa.

— C'est moi qui suis Ignosi, répondit simplement notre serviteur.

— Toi! dit le vieux chef, dévisageant Umbopa d'un air incrédule.

— Moi! reprit Umbopa avec assurance, sans baisser les yeux sous les regards défiants d'Infadous. Et voici le signe sacré que tu connais. »

En parlant, Umbopa avait rapidement ôté sa ceinture, et nous vîmes un serpent bleu tatoué autour de sa taille.

« Tu reconnais, ô chef, ce serpent sacré dont on marque, à sa naissance, l'enfant héritier du trône! »

Infadous examina attentivement le signe qui entourait les reins du jeune homme. Il y reconnut sans doute l'empreinte indubitable, car il s'écria :

« O Ignosi! c'est toi qui es le roi!

— Eh bien! mon oncle, reprit Umbopa, veux-tu m'aider à reconquérir le trône de mon père! »

Le vieux chef resta silencieux.

« A quoi bon hésiter et réfléchir? continua Umbopa. Dans la main du roi ta vie ne tient qu'à un fil. Aujourd'hui tu es ici, et demain peut-être ta tête aura roulé à terre. A ton âge, en tout cas, la mort n'est pas loin, et la mort est le pis qui puisse t'arriver. Si je parviens à monter sur mon trône, je te comblerai des plus grands honneurs, et la première place après la mienne sera celle du chef Infadous.

— Je n'hésite plus, Ignosi, dit enfin le vieux chef. J'ai choisi. Je suis à toi!

— Et vous, mes chers blancs, mes amis, dit notre ci-devant domestique, se tournant vers nous, voulez-vous aussi me prêter aide de votre bras puissant? Je n'ai point de récompense à vous offrir, mais je sais que vous êtes braves et généreux. S'il est en mon pouvoir de faire pour vous quelque chose qui vous soit agréable, d'ores et d'avance tout est à vous.

— Quant à moi, dit sir Henry, tu m'as toujours plu, je ne sais pourquoi. A cause de cela et aussi pour la satisfaction de traiter Touala comme il le mérite, je te seconderai. Je n'ai pas besoin de récompense; un Anglais ne vend pas ses armes. Seulement, tu m'aideras à retrouver mon frère, s'il y a moyen.

— Compte sur moi, Incoubou. Et toi, Macoumazahne, m'accordes-tu le secours de tes conseils éclairés? Et quelles offres puis-je te faire?

— Il me semble, dis-je, qu'avant de vendre la peau de l'ours, il faudrait l'avoir tué. Mais enfin je n'abandonnerai pas mes amis. Toutefois, si je me lance dans une affaire aussi chanceuse, je ne refuse pas, le cas échéant, d'en tirer profit. Sir Henry peut en parler à son aise; moi, en pauvre diable que je suis, j'accepte les offres d'Umbopa, supposant qu'il soit jamais en passe de les réaliser. Étant donné qu'il y a par ici des diamants, autant que ce soit moi qu'un autre qui en profite.

— Tous les diamants que tu voudras seront à toi dès qu'on les aura trouvés, dit le prétendant.

— Mes amis, interrompit Good, je vous admire!

Tout cela est bel et bon; être roi de par Dieu, c'est parfait; mais ce qui serait mieux qu'un titre, ce serait de tenir ton royaume. Voyons, Umbopa, comment vas-tu revendiquer tes droits?

— Que conseilles-tu, mon oncle? » dit à Infadous celui que nous appellerons désormais Ignosi, puisque, à cette heure, notre serviteur Umbopa a disparu.

« Attendons cette nuit, dit le chef. Après le massacre qui suit la danse, l'amertume et la révolte rempliront beaucoup de cœurs. Je verrai quels chefs seront disposés; je leur parlerai et je crois répondre de plusieurs qui nous soutiendront avec leurs troupes. Maintenant, prenez un peu de repos. »

Infadous nous quittait, quand parurent des messagers royaux; ils étaient porteurs de dons somptueux : trois cottes de mailles semblables à celle que portait le roi, des haches et des lances magnifiques.

« D'où viennent ces armures? dis-je à Infadous, quand j'eus congédié les envoyés.

— Elles nous ont été léguées par nos ancêtres, répondit-il, nous ne savons pas qui les a faites. Il n'en reste que fort peu, la maison royale seule a le droit de s'en servir. Il faut, pour que le roi en dispose en votre faveur, que vous lui inspiriez beaucoup de crainte ou d'inclination. En tout cas, mettez-les ce soir, mes seigneurs; ce sont des vêtements magiques que le fer des lances ne saurait traverser. »

Nous suivîmes le conseil du vieux chef. Ainsi vêtus et bien armés, avec un mélange de crainte et d'impatience, nous attendîmes la suite de nos aventures. La lune venait de se lever lorsque notre guide revint pour nous conduire à la danse.

L'enclos royal était, comme la première fois, rempli de guerriers revêtus de leurs parures. Leurs armes scintillaient sous les pâles rayons de la lune; leurs longues plumes flottaient comme une mer de vagues molles. Nous traversâmes leurs rangs silencieux et immobiles, et nous vînmes nous placer à l'endroit qui nous était réservé. Le roi ne se fit pas attendre. Gagoul et Seragga se placèrent près de lui.

« Vous voici donc, ô hommes blancs, dit-il tout joyeusement. Nous allons avoir un spectacle digne d'être vu. Les heures sont trop courtes pour notre travail et pour notre amusement. Allons! En avant!

— Trop courtes, trop courtes, » glapissait la vieille sorcière.

Elle s'avança, brandissant un bâton fourchu. Au cri strident qu'elle poussa, une cinquantaine de femmes plus vieilles, plus horribles qu'on ne saurait imaginer, surgirent comme par enchantement; elles formèrent un cercle et commencèrent une danse et des incantations que je puis qualifier de diaboliques, mais que je renonce à décrire. Elles se livrèrent ensuite à des pantomimes hideuses; pendant ce temps, un chant

IX

LA VIEILLE SORCIÈRE S'APPROCHAIT...

grave et lent s'était élevé du milieu des troupes. On aurait dit la plainte homérique de la nature entière à l'agonie. On en avait froid dans le dos. Puis, ces mégères, vomies de l'enfer, se jetèrent de tous côtés à travers les rangs des guerriers. Eux, malgré leur calme, reculaient sur le passage des vieilles, et je vis bientôt que ce n'était pas sans cause. Elles se mirent à toucher un guerrier par ci par là. Chaque individu touché était empoigné par deux hommes, et, sans un cri, sans un mot de part ou d'autre, le condamné était amené devant le roi, maintenant flanqué d'une demi-douzaine de bourreaux. Et le compte de l'infortuné était vite réglé, je vous assure. On voyait que les bourreaux y avaient la main. Le fer de leur couteau ne vacillait ni ne chômait, leur dextérité le prouvait de reste. La frayeur qui planait sur les indigènes s'étendait jusque sur nous; nous étions muets, immobiles, nous aussi, et comme paralysés.

Beaucoup de chefs et de soldats avaient déjà passé par les mains des bourreaux, quand tout à coup, haletante, grinçante, écumante, l'infernale vieille se tourna vers nous.

Aurait-elle l'audace! Ah! pour sûr, elle l'aurait! Elle s'approchait... Lequel de nous? — Chacun de nous, à en juger par moi, se sentit prêt à vendre chèrement sa vie. Elle avança son bâton fourchu et toucha Umbopa.

« Je te flaire, dit-elle, je flaire le sang qui coule dans tes veines. Je te connais, tu viens de loin, dans un but bien arrêté. Mais les hyènes ont soif de ton sang ! »

Bientôt deux soldats s'étaient approchés. Seulement nous étions sur nos gardes. Je tournai mon fusil vers le roi :

« Roi Touala, lui dis-je, qui touche à notre chien nous touche. Nous le défendrons, et sa vie te coûtera cher. Regarde à ce que tu fais. Tu sais si je mens. Ta vie, pour sa vie ! »

Sir Henry avait visé Seragga, et Good la sorcière. Tous trois eurent peur, et, du reste, nous n'hésitions pas.

« Abaissez vos tubes méchants, dit le roi. Gagoul est sage, et ses paroles prédisent des malheurs. Mais j'obéis aux lois de l'hospitalité et non à la crainte. On ne touchera pas à ton serviteur. »

Cependant la colère qui enflammait le visage du roi démentait ses paroles. Il se leva brusquement, donna ordre d'emporter les cent trois corps — je les avais comptés — qui étaient étendus derrière nous, et d'un mot congédia les troupes.

Lorsque l'espace fut devenu libre, nous nous levâmes aussi pour partir.

« Allez, blancs, dit le roi en réponse à notre salut, je veux encore réfléchir. A l'heure où le soleil est aussi loin de son terme que de son aurore, la danse des jeunes filles aura lieu. Je vous y invite. Je réfléchirai jusque-là. A bientôt! »

Ainsi congédiés, faisant les braves et en réalité à demi morts de crainte et d'horreur, nous retournâmes à notre hutte.

« Eh bien! s'écria sir Henry en arrivant, s'il est possible de rien imaginer de plus horrible, je ne m'y connais pas!

— Je me sens lâche, dit Good; nous aurions dû leur brûler un peu de poudre au nez.

— La belle avance! dis-je. Qu'est-ce que quatre hommes pouvaient faire devant ce monstre, au plus petit signe duquel des milliers de soldats obéissent! Mais voilà qui nous ôtera tout scrupule pour l'entreprise d'Umbopa.

— C'est certain, dit sir Henry, je grille d'abattre ce monstre! Et toi, Umbopa, tu peux nous brûler une fière chandelle, tu sais! tu l'as échappé belle.

— Je le sais, Incoubou, et Ignosi n'oubliera rien. »

Le soleil allait se lever, nous essayâmes de trouver un peu de sommeil; mais la tuerie dont nous avions été témoins, l'effroi qui nous tenait encore, chassèrent le sommeil de nos paupières fatiguées.

Il pouvait être neuf ou dix heures quand Infadous revint accompagné des chefs dont il avait parlé. Il nous les présenta. Ignosi les reçut avec une dignité vraiment royale. Il leur raconta sobrement les divers incidents de sa vie qui pouvaient les persuader; il leur montra le signe sacré dont il était ceint. Cependant les chefs restèrent incrédules.

« Donnez-nous un signe, ô seigneurs blancs, dit celui qui portait la parole, vous à qui tout est possible, donnez-nous un signe indéniable, visible pour nous, qui nous persuade que vous protégez cet homme et qu'il est notre roi légitime. »

J'eus beau arguer que ce serpent bleu marqué sur le corps d'Ignosi était suffisant, les chefs ne se laissèrent pas convaincre.

« Donnez-nous un signe manifeste, ô puissants seigneurs blancs, » répétèrent-ils.

Notre embarras était extrême. Chacun de nous, à part, ruminait gravement quelle réponse faire. Tout à coup Good s'écria :

« Je l'ai leur signe! et dire que je n'y pensais pas! J'ai lu ce matin sur mon petit almanach qu'il doit y avoir aujourd'hui même une éclipse de soleil. L'almanach l'indique pour onze heures en Angleterre; l'heure changera pour l'Afrique, mais ce n'est pas une objection. Justement l'Afrique est mentionnée comme devant être comprise dans les ténèbres. J'appelle ça providentiel, moi! Nous l'aurions fait faire exprès pour nous, cette éclipse, qu'elle ne nous aurait pas mieux servis! »

Moi, qui ne suis pas fort en mathématiques astronomiques, j'éprouvais beaucoup moins d'enthousiasme que Good ; je n'ai jamais étudié les éclipses.

« Supposez, dis-je à Good, que cette éclipse n'ait pas lieu ; que votre almanach se soit trompé, une faute d'impression, que sais-je ! Nous voilà dans de beaux draps !

— Et pourquoi, reprit Good avec sa vivacité habituelle, pourquoi l'éclipse n'aurait-elle pas lieu, je vous prie ? Les almanachs sont toujours faits scientifiquement, et, enfin, une éclipse est une éclipse, ça ne rate jamais ! Allons donc !

— Eh bien ! va pour l'éclipse ! »

Mes deux amis, dans ces circonstances défavorables, firent des calculs de leur mieux ; ils arrivèrent à la conclusion que l'éclipse se produirait vers midi.

Alors, prenant de grands airs prophétiques, je me tournai vers les chefs :

« Vous demandez un signe extraordinaire. Levez les yeux sur ce soleil qui inonde le monde de ses feux et de sa lumière ; aujourd'hui, au milieu de son cours, il sera éteint, la terre sera plongée dans les ténèbres, et, à ce signe, vous saurez que ce jeune homme, Ignosi, est votre roi légitime. »

Un sourire d'incrédulité éclaira les visages noirs qui me regardaient.

« Fais cela, dit l'un deux, et nous croirons. Voyant votre magie, le peuple aussi croira.

— Je l'ai dit. Allez, chefs ! Ce signe, vous l'aurez ! »

Les chefs nous quittèrent. Et moi, pas plus sûr qu'il ne le fallait de l'almanach et des calculs de Good, j'exprimai encore mes craintes.

« Il n'y a pas de danger, dit Good ; jamais un almanach n'a failli dans ses indications et ses calculs; rassurez-vous, Quatremain ! D'ailleurs que voulez-vous, en cas de malechance, nous nous en tirerons comme nous pourrons; au petit bonheur ! »

Le moment venu, il fallut encore, bon gré mal gré, nous exécuter et retourner à la fête du roi. Nous ne trouvâmes aucun moyen de nous en dispenser, ce que nous aurions fait de grand cœur.

L'aspect de l'enclos royal était changé. Il regorgeait de jeunes filles, toutes enguirlandées et couronnées de fleurs, tenant dans une main une fleur d'arum et dans l'autre une feuille de palmier. Cette jeunesse africaine, toute noire qu'elle était, ne nous parut pas dépourvue de grâce et même de beauté.

Le roi nous reçut très amicalement, tout en jetant de mauvais regards obliques à notre soi-disant serviteur.

« Voyez les filles de notre pays, ô blancs ! Celles du vôtre ont-elles plus d'attraits et de légèreté ! »

Puisque je servais d'interprète, je dus tourner quelque compliment flatteur. Le roi reprit :

« Si vous en voulez quelques-unes pour femmes, choisissez celles qui vous plairont le mieux.

— Merci, ô roi, nous ne pouvons prendre des femmes que dans notre pays. Ces filles sont belles, elles ne sont pas pour nous.

— C'est bien ! c'est bien ! dit le roi en riant, nous n'en sommes pas embarrassés. »

Il leva la main, et la danse commença.

Je ne vais pas décrire les pas cadencés et les chants de ces filles du soleil, par la bonne raison que je ne m'entends pas beaucoup plus en chorégraphie qu'en astronomie. Excusez l'ignorance d'un vieux chasseur. Je peux dire seulement que leur vivacité, leur adresse, leur souplesse, nous firent oublier nos frayeurs précédentes et nos appréhensions futures.

Après les danses d'ensemble, vinrent les danses séparées qui durèrent longtemps. Quand une danseuse était épuisée, une autre lui succédait.

« Laquelle vous a paru la plus agréable? dit enfin le roi.

— La première, dis-je étourdiment.

— Mon jugement répond au vôtre, dit Touala, mon appréciation est la même. La première est la plus belle, la plus habile, la plus gracieuse. Elle va mourir !

— Mourir ! m'écriai-je. Mais c'est une cruauté sans nom ! Quoi ! mourir parce qu'elle est belle et que son visage vous a plu !

— Elle mourra, dit le roi. C'est la coutume. Nous offrons, à cette fête, la plus belle de nos jeunes filles comme sacrifice aux Silencieux qui siègent à la montagne. On dit que le roi qui manquera à cet usage sera malheureux, et malgré cela, mon prédécesseur n'a pas accompli ce sacrifice. Il s'est laissé émouvoir par les larmes des femmes. Cela lui a mal réussi. Il a péri à la fleur de l'âge, et son fils n'a pas hérité de son trône. Celle-ci va mourir. Je l'ai dit. »

A la parole du roi, deux gardes se détachèrent de l'escorte royale et s'approchèrent de la belle danseuse. Elle, ignorante du sort qui lui était réservé, mêlée à ses compagnes, effeuillait une fleur de sa guirlande. Les gardes mirent la main sur elle, et elle comprit. Alors elle éclata en pleurs, en supplications, en plaintes qui auraient attendri des hyènes. Mais le cœur du roi était à l'abri de toute faiblesse.

« Allons, Seragga, disait-il, ta lance est-elle prête et bien affilée ? »

Gagoul courait de droite à gauche avec de petits éclats de rire atroces.

« Arrêtez ! m'écriai-je, ce meurtre ne s'accomplira pas ! »

Le roi me regarda.

« Ne s'accomplira pas ? Qui es-tu donc pour venir ici contrecarrer mes volontés ? Tu n'es pas chez toi, ô blanc ! et je vais promptement te le rappeler !

— Non ! m'écriai-je emporté d'indignation ; non, ce crime ne s'accomplira pas. Et pour que tu saches à

X

ELLE LE CONJURA DE NE PAS L'ABANDONNER.

quel point tes cruautés ont offensé le ciel, regarde,
ô roi! Le soleil va se cacher à tes yeux, les ténèbres
couvriront ton pays, et à ce signe tu sauras que tes
crimes ne resteront pas impunis. Soleil! dis-je, en
étendant la main vers cet astre, voile à l'instant ta
lumière! »

Mes paroles étaient hardies, mais ma foi était
faible. J'avais un œil sur le soleil, l'autre sur les émissaires du roi, dont je me défiais au moins autant que
de notre puissance sur le soleil.

S'obscurcirait-il, ce soleil, ou ne s'obscurcirait-il
pas? C'était là la question et non la moindre.

Le roi nous regardait, plein de doute. Seragga
s'avançait, l'air défiant, agitant son arme.

Good s'élança pour protéger la jeune condamnée.
Elle, d'instinct, comprit, et, saisissant les pieds de
Good, le conjura de ne pas l'abandonner.

Lorgnant toujours le ciel, je vis enfin que le bord
du soleil s'obscurcissait. De quel poids mon cœur
fut allégé!

« Regarde, ô roi! criai-je. Déjà les ténèbres rongent
le soleil! »

Le regard du roi suivit le mien. Ceux qui l'entouraient en firent autant. A la vue de cette ombre sur le
soleil, la terreur s'empara des cœurs, et chacun attendit,
anxieux, respirant à peine. L'ombre gagnait de plus
en plus, obscurcissant la terre; les oiseaux s'enfuyaient

en poussant des cris d'effroi. La figure du roi s'altéra. Alors, Seragga, soit furie, soit affolement, se jeta sur sir Henry, la lame haute. Sir Henry fut aussi prompt; il se détourna, saisit l'arme et la plongea dans le cœur du misérable.

Cette vue ajouta à la frayeur générale. Un désarroi sans nom s'ensuivit, et nous en profitâmes pour nous faufiler dehors. Grâce à l'obscurité, nous réussîmes à gagner le camp où étaient postées les troupes d'Infadous, à une petite distance de Loo.

XI

« REGARDE, Ô ROI ! » CRIAI-JE.

CHAPITRE X

LA GUERRE

La fin de l'éclipse nous trouva hors de Loo. Nous nous dirigeâmes vers le camp où étaient retirées les troupes des chefs prêts à la révolte.

C'était une colline en forme de fer à cheval dont les deux bouts, resserrés fortement, étaient tournés vers Loo. Elle était inaccessible aux deux extrémités, où le roc était tout à fait perpendiculaire. Mais l'accès était praticable à la circonférence extérieure de la colline et à l'intérieur du fer à cheval, où s'étendait une langue de terre cultivée. C'était une forteresse et un observatoire naturels. Nous eûmes la satisfaction de constater que nous étions en nombre. Infadous était le chef le plus populaire de tout le pays ; il rassembla les troupes et les harangua.

Pour ne pas défigurer le discours pathétique du vieux chef, je ne le rapporte pas. Croyez-en ma parole quand j'affirme que nos harangueurs ne sauraient pas mieux entortiller leurs auditeurs.

Ensuite, Ignosi se présenta, et, dans un langage imagé, poétique et vigoureux, prononcé d'une voix puissante et sonore, il réussit à persuader aux Koukouanas qu'il était bien leur roi légitime; sous son règne de justice et de clémence, tout irait pour le mieux dans le meilleur des mondes possible. L'éloquence native du jeune homme, sa beauté, son assurance, son air de supériorité, notre présence étrange, peut-être, dont il s'appliqua à faire ressortir les avantages, gagnèrent les troupes. Quand il eut fini, au milieu du plus profond silence, un murmure grave et prolongé s'éleva des rangs : Koum! Ignosi était salué et accepté comme roi.

Alors commencèrent nos préparatifs. Les provisions furent distribuées aux troupes; des chefs nommés, les postes occupés, les sentinelles désignées. Il faisait nuit, et le repos du sommeil s'étendit sur le camp.

Nous aussi nous avions besoin de repos. Les indigènes avaient beau nous prendre pour des êtres surnaturels, étrangers aux misères des mortels, la matière se chargeait de nous rappeler à une juste appréciation de nous-mêmes.

On nous offrit une hutte, où Good eut la joie de retrouver ses effets avec notre mince bagage. Le pantalon n'y manquait pas; Good l'enfila sur-le-champ et dormit avec, sûr ainsi de ne plus se laisser déposséder. Désormais, les belles jambes blanches de Good furent dérobées à l'admiration des Koukouanas. Infadous réclama, mais en vain; Good fut inexorable.

De grand matin, les allées et les venues nous réveillèrent. Trois colonnes étaient déjà sorties de Loo et s'avançaient contre nous.

Nous nous habillâmes. Sir Henry ne fit pas les choses à moitié. Infadous lui avait procuré un costume indigène. Autour de son cou était attachée la peau de léopard d'un officier; sur sa tête flottait la plume d'autruche portée par les généraux; à la taille, il portait la ceinture de queues de bœufs blancs; il était chaussé de sandales et de guêtres de peau de chèvre; comme armes, il avait une lourde hache, un grand bouclier de fer rond et le nombre réglementaire de tollas. Ce costume rehaussait encore la beauté physique de sir Henry.

Ignosi arriva bientôt; il était accoutré de la même façon.

Good et moi nous étions moins avantagés. D'abord les cottes de mailles nous étaient trop grandes. Good mit la sienne par-dessus tous ses habits, en rentrant l'extrémité dans ses vieilles bottes. Avec son chapeau et son monocle, il avait l'air plus grotesque que guerrier.

Mon attirail de guerre sera vite énuméré : outre la cotte de mailles sous laquelle je n'avais laissé que l'indispen-

SIR HENRI CURTIS.

sable, je n'avais que des chaussures indigènes et une grande plume attachée à mon chapeau afin de me donner l'air plus farouche. Pour armes, nous étions munis d'une hache, d'un bouclier dont je ne savais que faire, et un porteur nous suivait avec des armes à feu et des munitions.

Enfin, l'ennemi avançait. On nous attaqua de trois côtés à la fois. On m'avait placé dans la réserve et j'espérais ne pas donner. Je me vis forcé de marcher; alors, faisant à mauvaise fortune bon cœur, j'appelai toute ma bravoure à mon aide. Dieu sait si j'avais du goût pour aller me faire écharper dans cette bagarre! La mêlée fut épouvantable; on ne voyait qu'à travers un brouillard rouge. Je me battais en désespéré. Le fait est qu'il n'y avait pas d'alternative : tuer ou être tué.

Un grand sauvage, un chef, à en juger par ses plumes, s'élança vers moi avec tant de furie, que je crus ma dernière heure venue. Heureusement, je ne perdis pas la tête, je me jetai à plat ventre; le sauvage passa par-dessus moi, et, dans la violence de son élan, tomba à terre. En un clin d'œil, j'étais relevé, et mon pistolet lui avait dit un dernier mot. Je m'applaudissais de ma présence d'esprit, quand un coup sur la tête me brouilla les idées.

J'ouvris les yeux sous une pluie froide. Good, penché anxieusement sur moi, me jetait de l'eau à la figure.

« Ça va-t-il mieux, mon brave?

— Mais ça ne va pas mal; un peu étourdi, voilà tout. Et les affaires, où en sont-elles?

— Oh! elles vont à merveille! Ils sont enfoncés sur toute la ligne. »

Nous nous félicitions d'un succès si prompt et si facile, quand Infadous, prévenu de mon accident, se présenta.

« Nous sommes victorieux maintenant, dit-il, après s'être informé de mon état; mais sachez bien que Touala reviendra à la charge. Il est sage de délibérer sur la conduite que nous avons à tenir. »

Nous nous dirigeâmes vers le poste qu'occupait Ignosi. Lorsque nous y fûmes arrivés, Infadous ouvrit la délibération.

« Seigneurs blancs, roi Ignosi, et vous, chefs, dit-il, réfléchissez sur ce que nous avons à faire. Aujourd'hui, ou demain, ou plus tard, nos provisions seront épuisées. L'eau de l'unique source suffit à peine pour désaltérer nos soldats, et elle ne suffira pas longtemps. D'autre part, Touala recevra du renfort, il viendra nous assiéger avec des forces supérieures. Devant ces faits, quel est votre dire?

« Parle le premier, Macoumazahne, l'avisé, toi qui, dans le pays des blancs, as vu et appris bien des choses. »

Ainsi invité, je dus énoncer mon avis, et vraiment contre mon gré.

« Je n'aime pas la guerre, dis-je, je l'ai en horreur! Cependant, dans les circonstances où nous nous trouvons, il me semble que nous n'avons plus le choix ; il faut aller jusqu'au bout. A cette heure, nos guerriers, fiers de notre succès, nous suivront avec confiance. Demain, ils se seront comptés et comparés aux troupes fraîches de Touala ; la fatigue, la faim, la soif aidant, ils se décourageront. Si, avant de laisser aux nôtres le temps de penser, et à Touala celui d'agir, nous descendons sur Loo, les troupes démoralisées de Touala ne tiendront pas devant nous, et nous avons beaucoup de chances pour que la journée nous appartienne. »

Un profond silence accueillit ce discours guerrier d'un homme pacifique.

Au bout d'un moment, Ignosi, absorbé dans ses pensées, releva la tête et dit :

« Macoumazahne a parlé selon ma pensée. Mes amis, organisons-nous sans tarder, et, ce soir, nous dormirons dans le kraal de Touala. »

Mars n'a pas présidé à ma naissance et on ne va pas contre son étoile ; mais, puisqu'on était engagé dans cette guerre, bon gré mal gré il fallait bien aller jusqu'au bout, et le mieux possible.

Voici comment Ignosi arrangea son plan : les soldats d'élite, les Gris, cette troupe incomparable chez les Koukouanas, fut placée sous les ordres d'Infadous et sous la protection de sir Henry. Elle devait occuper la gorge du fer à cheval. Nous pensions que Touala, nous voyant descendre en face de Loo, prendrait l'alarme et viendrait nous couper le passage avant que nous fussions hors du fer à cheval. Et, tandis que les Gris se battraient sur cette langue de terre étroite, le reste de nos troupes, descendant du côté opposé, devait tourner la colline extérieurement et prendre Touala en flanc de droite et de gauche.

Les ordres furent exécutés dans ce sens; le régiment des Gris savait quel honneur on lui faisait, et cependant chaque homme prit sa place sans un signe d'hésitation, sans une parole, sans que rien dans ses traits indiquât la crainte. Le régiment des Buffles venait après, sous les ordres d'Ignosi, et je les accompagnais. Infadous, qui, en vieux général, connaissait l'importance de soutenir le moral de ses soldats, passa les moments d'attente à encourager son monde; il leur promettait de l'avancement, du bétail, et la faveur du grand guerrier blanc qui les honorait de sa présence.

« Voici votre roi, dit-il, chefs et soldats, rendez hommage au fils de vos rois ! »

Et, du sein de ces rangs condensés, s'éleva un murmure semblable à celui de la mer. Il était causé par le bruit que rendaient les boucliers légèrement frappés avec le manche des lances. Le son grandit comme un remous dans l'eau, augmenta tellement qu'on aurait cru le grondement du tonnerre, puis il décrut graduellement et expira dans le silence. Un salut formidable s'éleva de ce silence : Koum! Jamais empereur romain, avant un combat de gladiateurs, n'avait reçu pareille acclamation de ceux qui allaient mourir.

Ignosi répondit en levant sa hache; puis ses Gris défilèrent en une triple ligne longue de mille hommes.

Le deuxième régiment se forma comme le premier, et je défilai avec lui. Si les Koukouanas allaient à la mort sans crainte, dame, tant mieux. Je ne peux pas, honnêtement, en dire autant. Souvent je m'étais trouvé dans des positions critiques, mais jamais dans une situation dont il parût si peu probable de sortir.

Quand nous arrivâmes au bord du plateau, les Gris avaient déjà descendu la moitié de la colline, et cette opération avait produit une vive animation dans le camp de Touala; des troupes sortaient de Loo et s'avançaient rapidement pour nous empêcher de nous répandre dans la plaine.

Mais, quand les Gris furent arrivés à l'entrée du fer à cheval, ils y restèrent immobiles.

Lorsque les soldats de Touala furent près des nôtres et qu'ils virent la gorge défendue par les braves des braves, ils firent halte, peu pressés de croiser leurs lances avec ces guerriers impassibles et attentifs.

Bientôt un grand chef s'avança, reconnaissable à sa belle plume d'autruche noire; il donna un ordre, et le premier régiment ennemi se mit en marche.

Ils étaient à quarante mètres et avaient déjà fait

voler une pluie de tollas que les Gris n'avaient pas encore bougé. Soudain, sur un signe d'Infadous, les Gris s'ébranlèrent, se précipitèrent en rugissant, la lance en avant, et les deux régiments s'étreignirent pour une lutte mortelle. Puis on entendit comme un grondement sourd : c'étaient les boucliers qui se heurtaient. Toute la plaine scintillait à l'éclair des lances qui s'abaissaient et se relevaient. Cette masse humaine se roulait, se heurtait, se tordait, s'abîmait. Ce ne fut pas long. Les lignes des assaillants faiblirent, et, d'un mouvement sûr et lent, comme celui d'une vague qui balaie la grève, les Gris passèrent sur leurs adversaires.

Les Gris se reformèrent. Ils avaient perdu un tiers de leurs hommes; ils rétablirent leurs rangs et attendirent une nouvelle attaque. Je fus heureux de constater que sir Henry était encore debout; il se prodiguait. Et nous descendîmes soutenir les Gris.

Bientôt un deuxième régiment s'avança contre les Gris. Comme la première fois, ils attendirent silencieux et immobiles; puis, quand l'ennemi fut à quelque quarante mètres, les Gris se ruèrent dessus. La même tragédie se répéta; l'issue en resta douteuse plus longtemps. Le régiment d'attaque était formé de jeunes soldats frais; mais la valeur des vétérans l'emporta sur la fougue de la jeunesse. Car les Gris cessèrent de charger; ils restèrent debout comme une digue contre laquelle vinrent se briser les forces ennemies. Bientôt les régiments du roi prirent la fuite, laissant les Gris victorieux. Mais à quel prix! Ils étaient réduits à un cinquième de leur nombre. Cependant, ils ne reculèrent pas sur nous comme nous nous y attendions. Ils s'élancèrent à la poursuite des fuyards. Bientôt ils prirent possession d'un tertre qu'ils entourèrent, toujours en triple ligne. A ce moment, je vis flotter la plume de sir Henry, et près de lui se tenait notre vieil ami Infadous.

Alors un troisième régiment se lança contre cette petite troupe de braves, et la bataille recommença. Alors aussi, pour la première fois de ma vie, je sentis s'allumer en mon sein l'ardeur guerrière. A mes côtés, les soldats étaient penchés la tête en avant sur leurs boucliers, les yeux ardents, les lèvres entr'ouvertes, les mains impatientes; leurs traits farouches étaient empreints de la passion du combat; je me demandais si ma figure était comme la leur. Ignosi seul semblait impassible. Mais, quand il vit le régiment de Touala aborder la butte où se défendaient les derniers Gris, il leva sa hache et les Buffles, jetant le cri de guerre, chargèrent à leur tour.

Je ne saurais décrire la lutte qui suivit : il me semblait que la terre tremblait; un choc terrible, un bruit de voix, de boucliers, d'armes, de cris de guerre, des étincelles de lances tout à travers un brouillard de sang.

Je me retrouvai, quand j'y vis un peu clair, sur la butte, près de sir Henry, où la poussée des combattants m'avait apporté.

Des multitudes surgissaient comme par enchantement autour de ce tertre, et sans cesse nous les refoulions. Infadous, aussi tranquille qu'en un jour de parade, jetait des ordres, des encouragements, des plaisanteries même pour soutenir ses hommes. A chaque attaque, il était au plus fort de la mêlée. Mais c'est sir Henry qu'il aurait fallu voir. Sa plume était tombée sous un coup de lance, ses cheveux blonds flottaient. Il frappait d'estoc et de taille, et si vigoureusement que personne n'osait plus s'approcher de ce redoutable sorcier blanc dont chaque coup donnait infailliblement la mort.

Enfin, un grand cri s'éleva des régiments du jeune roi. A droite et à gauche, la plaine regorgeait de soldats. C'étaient nos deux ailes qui arrivaient à la rescousse. Les bataillons de Touala avaient fixé toute leur attention sur la butte en face de la colline et se trouvaient surpris. Ils ne s'aperçurent du renfort qui nous venait que quand nos troupes tombèrent sur eux.

En cinq minutes, le sort de la bataille fut décidé. Pris sur les deux flancs, effrayés par le terrible massacre, les soldats de Touala s'enfuirent. Toute la plaine fut bientôt couverte de fuyards.

Et nous restâmes sur notre tertre comme sur un

rocher d'où la mer s'est retirée! Quelle tuerie! Des Gris il ne restait que quatre-vingt-dix hommes.

« Soldats, dit Infadous, vous êtes des héros! On reparlera de vous! »

Il se tourna vers sir Henry :

« Tu es grand, Incoubou! dit-il. J'ai vu des braves, mais je n'ai pas rencontré ton égal. »

CHAPITRE XI

IGNOSI ROI

Ignosi n'avait pas de temps à perdre; l'après-midi s'avançait. Il fit immédiatement marcher ses troupes sur Loo et nous pria de l'accompagner.

Nous avions perdu Good de vue depuis l'engagement des Gris, et nous étions très inquiets sur son compte. Nous n'étions pas encore loin quand nous l'aperçûmes assis sur une fourmilière. Un Koukouana gisait près de lui, apparemment mort.

Soudain le sauvage se releva et se mit à frapper Good avec tant de vigueur que notre pauvre camarade, pris au dépourvu, roula à terre la tête la première jusqu'au bas de la fourmilière; le Koukouana suivait sa victime, frappant à coups redoublés. Nous nous élançâmes au secours de Good, tandis que le Koukouana s'enfuyait. Good ne bougeait plus; nous le crûmes mort. A la vérité, nous le trouvâmes pâle, abattu, blessé, mais vivant; il nous accueillit avec un bon sourire.

« Fameuse armure que cette cotte de mailles! dit-il faiblement. Ce coquin de sauvage croyait bien… »

Il s'évanouit. Pauvre Good! il était tout meurtri et avait une de ses belles jambes blanches fortement endommagée par un coup de tolla. Nous dûmes le faire mettre sur un brancard pour l'emmener avec nous.

Les portes de Loo étaient encore gardées par les soldats de Touala. Nous avions aussi dépêché un détachement devant chaque porte. Nous apprîmes par un officier de Touala que le roi s'était réfugié dans sa ville avec ses troupes, mais que ses soldats étaient complètement démoralisés.

Ignosi envoya des hérauts à chaque poste pour promettre le pardon à tous ceux qui se rendraient. Et bientôt, aux acclamations des troupes, tous les ponts-levis s'abaissèrent.

Nous avançâmes dans la ville avec toutes les précautions imaginables, car enfin on ne sait jamais de quel côté viendra la trahison. Nous nous dirigeâmes sur le kraal de Touala. Là, tout semblait désert. Cependant, en approchant davantage, nous découvrîmes Touala avec son âme damnée : Gagoul.

Il était assis à terre, l'air sombre, la tête penchée sur sa poitrine, ses armes à ses pieds. Malgré le souvenir de tous les méfaits qui nous avaient révoltés, un sentiment de pitié me traversa le cœur en voyant ce roi déchu d'une si haute puissance. Il était seul ! Pas un des courtisans qui le flattaient le matin même, pas un des soldats qui lui avaient obéi sans réplique, pas une des mille femmes qui avaient tremblé devant lui, n'étaient là ! Tous l'avaient abandonné ! sauf cette horrible sorcière, fidèle dans la bonne et la mauvaise fortune.

Lorsque nous fûmes tout près, Gagoul se mit à nous vomir toutes les injures de son vocabulaire africain ; je n'en comprenais pas toujours le sens, mais l'intention était claire.

Le roi vaincu leva sa tête empanachée et fixa son œil enflammé de furie sur Ignosi, comme si, d'un regard, il eût voulu anéantir son heureux rival.

« Salut ! roi ! dit-il d'un ton amer, toi qui as mangé mon pain et qui m'as trahi, au moyen de l'art magique des blancs ! Quel sort me réserves-tu ?

— Celui que tu as fait subir à mon père, dit Ignosi sévèrement.

— C'est bien ! Je suis prêt. Mais tu sais quelle est la coutume du pays. J'ai droit de choisir mon antagoniste, et, afin de périr en combattant, de choisir l'un après l'autre ceux de mes adversaires qu'il me plaira de désigner jusqu'à ce que je sois tué.

— Je sais, dit Ignosi. Choisis ! Le roi n'a le droit de se battre qu'à la guerre, sans quoi, je voudrais de ma main venger le sang de mon père ! »

Touala s'était dressé, le sourcil froncé, l'œil farouche, il parcourait les rangs. Un instant, il s'arrêta sur moi. A l'idée de cet honneur que j'étais loin d'ambitionner, j'eus froid dans le dos. J'ai beau être robuste et dur à la peine, contre un gaillard de cette taille, je ne pouvais pas lutter. D'avance, j'étais bien décidé à part moi de décliner la faveur, dussé-je être tenu pour un poltron par tous les Koukouanas de l'Afrique. Autant cela que d'accorder à Touala la satisfaction de faire rouler ma tête sur la chaux pulvérisée de son kraal.

Mais le regard du roi s'était détourné, il l'arrêtait sur sir Henry :

« C'est à toi que j'en veux, dit-il, toi qui as tué mon fils unique. Sors des rangs, que nous voyions si tu auras aussi facilement raison de l'homme que de l'enfant.

— Non, dit Ignosi, tu ne combattras pas avec Incoubou.

— S'il a peur, n'en parlons plus ! » dit Touala avec dédain.

Sir Henry avait compris; le sang lui monta à la tête.

« Il croit que je le crains, dit-il. Nous allons bien voir ! Sauvage ! Nous nous battrons !

— Pour l'amour du ciel, m'écriai-je, sir Henry, n'en faites rien. Cet homme n'a pas besoin de savoir si vous êtes brave; toute l'armée vous a vu à l'œuvre aujourd'hui ! Vous ne vous battrez pas. C'est inutile !

— Je me battrai, dit sir Henry. Personne ne dira

jamais qu'un Anglais a reculé devant qui que ce soit.

— Non, mon ami, dit Ignosi, ne t'offre pas aux coups de ce monstre aux abois. S'il t'arrivait malheur, mon cœur en serait brisé.

— J'ai dit, reprit obstinément sir Henry, j'accepte son défi et je me battrai.

— Eh bien! mon frère blanc, reprit Ignosi, c'est pour une bonne cause, tu seras heureux! Touala, voici ton adversaire! Incoubou est prêt. »

Sir Henry et Touala s'avancèrent; ils étaient de taille à lutter ensemble. Le soleil couchant les enveloppait de ses rayons de feu.

La hache levée, ils tournoyèrent un instant l'un autour de l'autre. Tout à coup, sir Henry fit un bond et frappa Touala qui sauta de côté et évita le choc. Mais sir Henry avait presque perdu l'équilibre par la force de son élan. Touala profita de cet avantage et fit voler sa hache qui s'abattit avec violence. Heureusement, de son bouclier, sir Henry avait paré le coup, mais le bord du bouclier avait été emporté et l'épaule de sir Henry avait été touchée. Les coups se succédaient, tantôt parés par le bouclier, tantôt évités par l'adresse des combattants. Le régiment entier, oubliant sa discipline, avait quitté ses rangs et faisait cercle autour des deux champions, marquant son approbation par des clameurs sauvages.

Good avait repris ses sens et ne voulut pas perdre

la vue d'un spectacle aussi palpitant. Il en oublia un instant ses propres souffrances, excitant son ami du mieux qu'il pouvait.

« Allez-y, brave camarade! N'épargnez pas! encore un pareil! »

Sir Henry, toujours plus excité, frappa de toutes ses forces. La hache traversa l'armure du roi, et le sang coula de son épaule blessée. Avec un cri de rage et de douleur, Touala rendit le coup avec usure, sa hache rencontra celle de sir Henry, qui roula à terre à demi détachée de son manche de corne de rhinocéros.

Les soldats poussèrent un hurlement à la vue de leur héros désarmé. Touala brandit sa hache. Moi, je fermai les yeux, ne voulant pas voir le reste. Malgré moi, une seconde après, je les rouvris. Sir Henry avait saisi Touala à bras le corps et l'étreignait avec furie; Touala enserrait sir Henry, ils roulèrent à terre, Touala essayant de frapper sir Henry; sir Henry, tout en se défendant, tâchant de s'emparer de l'arme de Touala.

Tout à coup, il y réussit, l'attache passée au bras de Touala céda sous le vigoureux effort de sir Henry. En une seconde, il fut sur pied. Le sang ruisselait le long de l'armure des deux braves; sir Henry avait une balafre à la figure, et la vue du sang enflammait encore leur ardeur. Touala avait tiré un tolla de sa ceinture, il en porta un coup à sir Henry en pleine poitrine; l'acier résista; trois fois il revint à la

XII

SIR HENRY AVAIT SAISI TOUALA A BRAS LE CORPS.

charge; à ce moment sir Henry leva sa hache et l'abattit sur le cou du roi. Un grand cri retentit autour de nous.

La tête de Touala sembla bondir de ses larges épaules, elle tomba, roula à terre et vint s'arrêter aux pieds d'Ignosi. Le corps resta droit une seconde, le sang jaillissait écumant des artères, et, avec un bruit sourd, le colosse s'affaissa. Son collier d'or sauta de son cou, et, au même instant, sir Henry, épuisé, s'évanouissait. Aussitôt des mains amies l'avaient relevé; on versa de l'eau fraîche sur sa figure blessée. Il rouvrit les yeux.

Le soleil se couchait. Je fis un pas et détachai la couronne de la tête de Touala, puis, la présentant à Ignosi.

« Prends ce signe de la royauté, roi légitime des Koukouanas, » lui dis-je.

Ignosi saisit le diadème, le fixa sur son front et, s'avançant fièrement, il mit un pied sur la poitrine de son ennemi. Alors, dans son langage sonore, il éclata en un chant éloquent et sauvage, dont l'écriture, langue figée, ne saurait donner qu'une fausse idée.

Lorsqu'il se tut, les ténèbres envahissaient la terre, et, du sein des troupes environnantes, retentit une longue acclamation plusieurs fois répétée :

« Tu es roi ! »

CHAPITRE XII

UNE ASSEMBLÉE LUGUBRE

Sir Henry fut installé dans la hutte de Touala. La coupure qu'il avait à la joue nous inspirait des inquiétudes. Good avait aussi été très maltraité. Il avait voulu être témoin du duel entre les deux champions ; mais, après cet effort, le mal revint dans toute sa violence. J'étais le moins malheureux, et cependant j'étais littéralement brisé. Quand nous eûmes dépouillé nos cottes de mailles, nous nous aperçûmes que, sous ce fer protecteur, nous n'étions que meurtrissures et écorchures.

Nous formions vraiment un lamentable trio, sans courage pour parler ni pour manger. Heureusement Faoulata se fit notre providence ; de ses mains elle nous prépara un breuvage qui nous réconforta ; elle nous procura aussi un remède indigène, dont les applications nous soulagèrent beaucoup. Good se fit apporter sa petite pharmacie; il y trouva de quoi panser la blessure de sir Henry et la sienne. Nos derniers lambeaux de mouchoirs de poche servirent de bandages, et nous attendîmes le reste du temps, souvent le meilleur des médecins.

Nous essayâmes en vain de dormir. L'air était rempli des cris déchirants de ceux qui cherchaient et pleuraient leurs morts.

Vers le matin, les cris diminuèrent, puis s'éteignirent. On n'entendait plus qu'un cri sauvage tout près de notre hutte. C'était Gagoul, qui, seule, pleurait le roi mort. Je m'assoupis d'un sommeil agité de rêves terribles; tantôt je me voyais sous le couteau du Koukouana qui, le matin, m'avait fait voir trente-six chandelles; tantôt c'était Touala qui tombait à mes pieds et je me voyais couvert de son sang. Quand je me réveillai, je trouvai le pauvre Good plus malade encore que je ne l'avais craint. La blessure de tolla qu'il avait à la jambe était large et profonde; il avait perdu beaucoup de sang, et la fièvre l'avait pris. Bientôt il se mit à divaguer d'une façon qui nous parut de mauvais augure.

Ignosi et Infadous nous firent visite de bon matin. Par ordre du nouveau roi, le pourtour de notre hutte fut évacué, afin qu'aucun bruit ne troublât notre malade. Good fut plusieurs jours entre la vie et la mort, et celle-ci me paraissait beaucoup plus probable que la guérison. Après une semaine de repos, sir Henry fut remis; mais l'état de Good empirait. Faoulata, qui s'était d'office établie garde-malade, ne nous permettait pas de faire grand'chose. Elle prétendait que nos mouvements trop brusques et trop fréquents agitaient le malade; elle croyait mieux faire, et, en réalité, une garde-malade diplômée des hôpitaux n'est ni plus attentive, ni plus patiente que le fut cette admirable fille. Je la voyais souvent triste et pensive, ne quittant pas le malade de vue, lui prodiguant tous ses soins. Un matin je m'avançai pour voir comment Good avait passé la nuit; pâle, sans mouvement, il était étendu sur sa couche de peaux.

« Mort! Oh! c'est donc fini! » m'écriai-je dans un sanglot.

Faoulata me repoussa :

« Il dort, » dit-elle.

Il dormait! Il était sauvé! Effectivement, il se remit bien vite; à compter de ce jour-là, et grâce à la vigueur de sa nature, la convalescence ne fut pas longue. Nous attribuâmes tous sa guérison aux soins reconnaissants de la jeune Africaine.

Un jour j'allai voir Ignosi. Je le trouvai au milieu de son grand Indeba (conseil); il avait vraiment l'air d'un roi. Si majestueux, si digne, si fier, le bandeau n'avait jamais ceint une tête plus royale. Il était roi pour tout de bon et se prenait au sérieux. Il avait réorganisé les troupes et reformé un régiment de Gris; chacun des soldats survivants de l'ancien régiment avait été promu officier. Ignosi préparait une grande fête pour se montrer au peuple, et il ne négligeait aucun moyen d'affermir son trône.

« Ignosi, lui dis-je, as-tu oublié ta promesse à propos des diamants? A quoi en sommes-nous?

— Je n'ai pas oublié, dit Ignosi en souriant. Voici ce que j'ai pu recueillir. La grande route que tu connais conduit à trois pics, et dans l'intérieur de l'un d'eux se trouve une grotte où nos rois sont déposés après leur mort. Là se trouve aussi une chambre de trésors qu'on dit avoir été autrefois amassés par un roi blanc. Le seul être qui en sache le secret c'est la vieille Gagoul. Une de ses aïeules a conduit, semble-t-il, un blanc dans cet endroit; mais il n'a tiré aucun profit de son expédition puisqu'il est mort.

— C'est José da Sylvestra, dont nous avons trouvé les misérables restes.

— Justement! je vais faire venir Gagoul, et, si vous le souhaitez, je lui donnerai l'ordre de vous conduire dans cette chambre. »

Ignosi appela un chef.

« Amène Gagoul! » dit-il.

Un instant après, Gagoul, récalcitrante et furieuse, était devant nous, soutenue par deux soldats.

« Laissez-la, » dit le roi.

Abandonnée à elle, la vieille s'affaissa à terre comme un paquet de chiffons, ses deux yeux noirs allant méchamment de l'un à l'autre de nous.

« Que me veux-tu, roi Ignosi? siffla-t-elle en colère. Prends garde à toi ; la sorcière Gagoul est la mère des arts magiques !

— Vieille hyène, je n'ai pas peur de toi ! Tu aurais dû, pour commencer, sauver Touala, ton bien-aimé. Je t'ai fait venir pour savoir de toi le secret de la chambre aux pierres brillantes.

— Ah ! ah ! ricana la mégère, vous voudriez bien les avoir ces pierres, blancs aux mains avides ! Mais je ne dirai rien ! Ces pâles démons pourront s'en aller comme ils sont venus, les mains vides. Je sais le secret, je suis la seule qui le sache, et je ne le dirai pas !

— Oh ! je te ferai bien parler, dit tranquillement Ignosi.

— Toi, tu me feras parler ! O roi, ta puissance peut être grande ; mais elle ne saurait arracher la vérité aux lèvres d'une femme !

— Je l'en arracherai ! répondit Ignosi aussi calme que Gagoul était furieuse.

— Tu ne me feras pas parler !

— Tu vas parler, Gagoul, ou mourir !

— Mourir ? Moi, mourir ? Jamais ! Personne n'oserait porter la main sur moi.

— J'oserai, moi !

— Non, tu n'oserais pas !

— Ne t'y fie pas, Gagoul, mère du vice! Tu ne tiens sans doute plus à la vie, toi qui es si vieille, si laide! A quoi bon la vie, quand on n'a plus qu'un corps comme le tien ?

— A quoi bon? Tu parles comme un enfant! Tu ne sais donc pas que plus on vit, plus on a l'âme chevillée au corps ? Les jeunes peuvent mourir; à peine ont-ils pris connaissance de l'existence, ils n'y sont pas attachés; mais, quand on a vécu longtemps, on ne peut plus quitter la lumière.

— Tais-toi! dit Ignosi. Veux-tu conduire ces seigneurs blancs où je t'ai dit, oui ou non?]

— Non! » dit-elle résolument.

Ignosi la toucha de sa lance.

« Alors, tu vas mourir à l'instant! »

Elle lut la résolution sur la figure d'Ignosi; elle vit qu'il ne la craignait pas et ne l'épargnerait pas.

« Je t'obéirai, Ignosi, dit-elle. Mais sache que personne n'entre dans cette chambre sans qu'une fatalité s'attache à lui. Il y a longtemps, un blanc s'y aventura, mal lui en prit! il n'a pas revu son pays! La femme qui l'a conduit s'appelait Gagoul; c'était moi, ou peut-être ma mère. Quand on vit si longtemps, on oublie!

« Oui, nous irons, ce sera un beau voyage; nous verrons le long du chemin les corps des morts. Les vautours auront déjà dévoré les yeux de leur proie ! »

Quelques jours après cette entrevue, nous étions en route pour la montagne mystérieuse. Nous étions partis du matin, nous cheminions sur la route de Salomon. Infadous nous escortait avec quelques hommes. Faoulata s'était vouée à notre service. La sorcière était portée sur un brancard. Au bout de quelques heures, nous atteignions notre but. Le spectacle était imposant. Trois énormes pics s'élevaient, l'un à droite, l'autre à gauche de nous. Celui du milieu formait comme le sommet de l'angle. La route se terminait là.

Les sommets de ces monts étaient couverts de neige; et, tout en bas, les bruyères empourpraient les premières pentes. Tout à coup, nous nous trouvâmes devant une excavation aux parois inclinées, qui avait environ cent mètres de profondeur et un kilomètre de tour.

Sir Henry et Good se demandèrent ce que pouvait être ce grand trou.

« Vous ne reconnaissez donc pas? dis-je.

— Mais... rien du tout, dit sir Henry.

— Alors vous n'avez jamais vu les mines de diamants de Kimberley ? Voyez ! dis-je, voici les couches de graphite et de houille, encore bien distinctes entre les broussailles. Je suis bien sûr que si nous descendions, nous trouverions encore des restes de roc savonneux... Tenez, voyez-vous ces dalles brisées ? Je suis sûr qu'elles ont servi au lavage, quand la mine était exploitée. Il semble qu'un ruisseau a dû couler par ici. Ce sont des mines de diamants, c'est certain. »

Le chemin bifurquait et entourait le puits. Nous nous hâtions, pressés par notre curiosité. Trois figures se dressaient devant nous, tournées vers l'entrée du chemin, comme si elles le gardaient. C'étaient des colosses, et nous comprîmes que c'étaient eux que les Koukouanas désignaient sous le nom de Silencieux.

En approchant, nous distinguâmes la grandeur et la majesté de ces colosses. Ils avaient environ sept mètres de haut et étaient assis à vingt pas l'un de l'autre. Deux représentaient des hommes, l'autre une femme. Sur les piédestaux étaient sculptés des caractères indéchiffrables. La statue de femme était fort belle et d'un aspect sévère ; les injures du temps en avaient endommagé les traits. De chaque côté de la tête, on voyait encore les restes d'un croissant.

Les deux autres statues, qui étaient drapées, avaient d'affreuses figures. Celle de droite avait l'aspect d'un démon ; l'autre avait une contenance sereine, mais d'un calme effrayant, comme celui des dieux de l'antiquité, qui voient le mal sans s'en émouvoir. Ces trois colosses, assis dans leur solitude, contemplant éternellement la plaine, inspiraient une terreur involontaire. Je me demandais ce qu'étaient ces Silencieux, comme on les appelle ici.

« Peut-être, dis-je à mes compagnons, sont-ce là ces

dieux de la Phénicie : Astaroth, déesse des Sidoniens ; Kemosch, dieu des Moabites, et Milcolm, l'idole des Ammonites, dont l'Histoire Sainte nous parle comme ayant été adorés par Salomon.

« Il y a sans doute quelque chose de vrai là-dedans, dit sir Henry qui avait étudié. L'Astaroth des Hébreux était l'Astarté des Phéniciens, et nous savons qu'à cette époque, les Phéniciens étaient les plus grands voyageurs du monde. Astarté était représentée avec les pointes d'un croissant, et cette statue a certainement été ornée d'un croissant. Ce sont peut-être les Phéniciens qui sont venus ici extraire des trésors. Qui sait? »

Nous examinions encore ces statues énigmatiques, quand Infadous, les saluant de sa lance, s'approcha pour nous dire que Gagoul était à notre disposition, si nous voulions entrer tout de suite dans la caverne.

Il était près de onze heures ; notre curiosité était si vive que nous ne voulûmes même pas attendre de prendre notre repas. Un petit panier, contenant une gourde d'eau et de la viande séchée, devait nous faire patienter avec la faim, au cas où nous nous attarderions un peu à l'intérieur. Faoulata voulut porter ces provisions elle-même.

Dès que Gagoul fut hors de son hamac, elle nous jeta un mauvais regard et dit en ricanant :

« Vous êtes bien pressés, chefs blancs, d'aller au-devant du mal! Venez! venez donc! »

Devant nous s'élevait une muraille de granit; c'était la base du pic. La vieille, appuyée sur son bâton, s'y dirigea en sautillant. Nous la suivîmes jusqu'à une petite porte solidement voûtée, qui avait l'air de l'ouverture d'une galerie de mine.

Gagoul s'arrêta.

« Êtes-vous prêts, grands chefs blancs? dit-elle en se tournant vers nous. J'attends vos ordres pour obéir au roi et vous montrer où sont amassés les trésors.

— Va! lui dis-je.

— Fortifiez vos cœurs, car vous allez voir des choses terribles. Viens-tu avec nous, Infadous, toi qui as trahi ton maître? »

Infadous fronça le sourcil.

« Non, dit-il, il ne m'est pas permis d'entrer. Mais toi, veille sur ces hommes; ta vie dépend de la leur, et, s'il leur arrive le moindre mal par ta faute, tu le payeras cher, toute sorcière que tu es!

— Garde tes menaces, Infadous! Tu as toujours été prompt à parler. Tu tétais encore, et c'était hier, que tu menaçais ta mère! Mais j'exécute les ordres du roi. J'ai vu beaucoup de souverains; longtemps je leur ai obéi, puis ce sont eux qui m'ont obéi. Je vais les revoir ici. Allons, entrons! »

Sans plus de préliminaires, elle s'engagea sous cette petite voûte, et nous la suivîmes. Le passage était obscur, mais assez large pour deux personnes de front. Gagoul, de sa voix aiguë, nous guidait, et nous avancions comme à regret, tout craintifs et pleins de pressentiments fâcheux. Lorsque nous eûmes fait une cinquantaine de pas, le passage s'élargit; un instant après, nous nous trouvâmes dans un endroit des plus étonnants.

Imaginez-vous la plus vaste cathédrale du monde, haute de trente mètres, en forme de dôme, vaguement éclairée par le haut et soutenue dans toute sa longueur par de gigantesques piliers translucides qu'on aurait pris pour de la glace. Quelques-uns de ces piliers de spath mesuraient au moins six mètres de diamètre et s'élançaient jusqu'à la voûte. D'autres étaient en formation. Ces derniers reposaient sur le sol comme des fragments de temple grec, tandis qu'une colonne, descendant directement au-dessus, devait, avec le temps, rencontrer celle qui montait du sol.

Nous entendions tomber les gouttes d'eau qui venaient s'aplatir avec un petit bruit d'éclaboussure. Il y en avait qui se renouvelaient toutes les deux ou trois minutes. Quel temps il avait fallu pour former ces prodigieuses colonnes! C'était presque incalculable.

Pour en donner une idée, j'ajouterai que nous vîmes un pilier commencé où se trouvait une grossière esquisse de momie. Elle était à la hauteur où les badauds de tous les temps et de tous les pays ont l'habitude d'essayer de s'immortaliser aux frais des chefs-d'œuvre de l'art et de la nature, c'est-à-dire à un mètre et demi du sol. Il y avait bien probablement trois mille ans que le mineur avait dessiné sa momie, et la colonne n'avait encore que deux mètres et demi ! L'accroissement était donc d'un mètre en trois mille ans, ou environ trois centimètres par siècle.

Ces stalactites et ces stalagmites [1] n'étaient pas toutes pareilles entre elles; c'était, sans doute, lorsque, pour une cause quelconque, la goutte d'eau avait été dérangée. Les unes étaient semblables à des animaux fantastiques, d'autres à des chaires de cathédrale tout ouvrées. Les parois de cette salle merveilleuse étaient ornées d'arabesques comme la gelée en laisse sur les vitres, et, sur les côtés, on voyait d'autres petites salles comme des chapelles dans une église, les unes assez grandes, d'autres fort petites, de véritables miniatures.

Nous n'eûmes pas le temps d'examiner à loisir ce lieu admirable. J'aurais voulu savoir si cette grotte avait servi dans les temps anciens et à quel usage; mais Gagoul, familière avec toutes ces beautés, était pressée d'en finir au plus vite. Elle partit, et nous dûmes la

1. Les stalactites sont des concrétions pierreuses allongées, de forme conique, qui se produisent à la voûte des cavités souterraines par suite de l'infiltration d'une eau contenant en dissolution des sels calcaires, siliceux, etc.

Les stalagmites sont de même nature, mais elles se forment en mamelons sur le sol par évaporation des gouttes tombant de la voûte.

(Souviron, *Dictionnaire des termes techniques*.)

suivre. Elle nous mena dans une grotte, au fond de laquelle était une porte, carrée au sommet, comme le sont les portails des temples égyptiens.

« Êtes-vous prêts à pénétrer dans l'asile de la mort ? dit notre guide, avec l'intention évidente de nous effrayer.

— Va toujours, vieille sorcière ! »

Nous tâchions de faire semblant d'aller allègrement de l'avant; au fond, nous n'étions rassurés ni les uns ni les autres. Faoulata seule manifestait ses craintes, en se serrant contre Good.

« Allons, passez, Quatremain, dit sir Henry, en me poussant le premier : les aînés en avant! Ne faites donc pas attendre madame! »

Je ne sus aucun gré à sir Henry de sa politesse, et je me trouvai dans une salle plus sombre, où, au premier abord, je ne distinguai rien. Je ne fus pas longtemps sans voir clair. Dans toute la longueur de la salle s'étendait une table blanche massive, autour de laquelle étaient rangées des figures de grandeur naturelle. Sur la table était un objet brun... et, quand je le reconnus, je fis un mouvement pour m'esquiver. Mais sir Henry, qui me suivait, m'attrapa au collet. Sans sa poigne de fer, je ne serais pas resté dans cette salle, et tous les diamants de Salomon ne m'y auraient pas fait rentrer.

Sir Henry commença à y voir à son tour, et il me

lâcha pour essuyer la sueur qui coulait sur son front.

Gagoul se délectait.

A l'extrémité de cette table était un colossal squelette humain d'au moins cinq mètres. Une de ses mains osseuses s'appuyait sur la table, dans l'attitude d'un homme qui se dresse; l'autre était levée et tenait une longue épée blanche, prête à s'abaisser. Le squelette, penché en avant, avec son crâne luisant, ses orbites vides, ses mâchoires entr'ouvertes et grimaçantes, avait l'air de se tourner vers nous comme pour nous parler.

« Qu'est-ce que ceci ? dit Good, indiquant l'assemblée attablée.

— Et ceci ? dit sir Henry s'approchant de l'objet qui se détachait sombre sur la table blanche.

— Ah ! ah ! ricana la sorcière, je vous l'ai dit : ça porte malheur d'entrer ici ! Approche, Incoubou, brave au combat, regarde celui que tu as tué. »

Elle tira sir Henry par l'habit, pour l'approcher de la table.

Sir Henry recula avec une exclamation d'horreur.

Assis sur cette table, nu, la tête sur ses propres genoux, était le roi Touala. Oui, c'était lui dans toute sa laideur personnelle, avec la laideur de la mort en plus; le corps était enduit de quelque chose de visqueux qui rendait l'aspect du cadavre plus hideux encore. J'entendis un léger bruit : tip ! tip ! tip ! et

XIII

CES FIGURES RANGÉES AUTOUR DE LA TABLE ÉTAIENT DES CADAVRES PÉTRIFIÉS.

je compris. C'était une goutte d'eau siliceuse qui tombait sur le corps de Touala, et Touala était en train de devenir stalagmite.

Ces figures, rangées autour de la table, étaient des cadavres pétrifiés.

Impossible de rien imaginer de plus horrible que cette réunion de rois morts, aux traits presque effacés, et siégeant sous leurs linceuls de silice, autour de cette table inhospitalière, avec cette Mort gigantesque pour amphitryon. Il y en avait là vingt-sept, et le dernier était le père d'Ignosi.

C'est ainsi que les Koukouanas conservent leurs rois, et cette coutume doit remonter loin.

Le squelette qui tient le haut de la table est de beaucoup antérieur. Il doit sans doute son origine au même statuaire que les trois Silencieux. C'est une véritable œuvre d'art. Good, qui a fait de l'anatomie, dit que, comme squelette, il n'y manque rien.

J'imagine qu'on a placé là ce squelette, pour effrayer les maraudeurs attirés dans ce lieu par la connaissance des trésors qui y sont enfermés.

CHAPITRE XIII

LA CHAMBRE DES TRÉSORS

Tandis que nous contemplions avec horreur le spectacle que je viens de décrire, Gagoul, grimpée sur la table, s'empressait auprès de Touala pour voir, dit Good, s'il était de bonne garde. Puis, elle fit le tour de chacun des hôtes, comme pour leur faire un bout de causette, histoire de renouveler connaissance. Elle alla ensuite s'accroupir devant la Mort, et parut lui adresser des prières. Cette vieille et cet entourage étaient si affreux à voir que nous nous hâtâmes de sortir.

« Allons, viens, dis-je à demi-voix, viens, Gagoul, conduis-nous. »

Elle glissa vivement au bas de la table.

« Mes seigneurs n'ont pas peur? dit-elle avec son ricanement féroce.

— Ne t'inquiète pas de ça, va toujours.

— Oui, seigneurs, allons ! — Préparez votre lampe et entrez. »

J'allumai la mèche de roseau qui trempait dans une gourde d'huile; je ne vis que le roc.

« Il ne s'agit pas de plaisanter, » dis-je tout en colère.

Elle s'appuya contre le mur, et, nous montrant le rocher juste devant nous :

« Je ne plaisante pas, voyez ! »

A l'endroit désigné, je vis, en effet, que le mur se soulevait. Une partie des masses rocheuses de cette caverne se détachait, s'élevait et laissait béante une ouverture de la largeur d'une porte ordinaire. Quand la pierre qui montait eut disparu, probablement dans une cavité préparée à cet effet, nous nous trouvâmes devant un grand trou noir.

Par quel ressort mystérieux ce roc était-il mû ? Par un mécanisme tout simple, sans doute, comme celui des fenêtres à châssis. J'espérais m'en rendre compte plus tard; mais, pour le moment, la chambre des trésors était ouverte ! Cette idée me fit oublier toutes nos frayeurs. Etait-ce une mystification ou bien allions-nous prendre possession des trésors convoités par dom Sylvestra ? Tout à l'heure, peut-être, nous serions les gens les plus riches de la terre !

« Écoutez, fils du soleil, dit Gagoul, vous allez voir les pierres brillantes; je sais d'où elles viennent. Elles ont été tirées par des hommes blancs, au puits où veillent les Silencieux, il y a longtemps. On ne sait pas pourquoi ceux qui les amassaient se sont enfuis, laissant là tant de trésors. Vous verrez la maçonnerie qu'ils préparaient pour mieux cacher leurs richesses ; ce travail de sûreté est resté inachevé.

« La tradition de ces richesses existait parmi nous, mais le secret de la porte que vous avez vue disparaitre était perdu. Une femme le trouva par hasard. Elle conduisit ici un homme blanc. Il venait de loin, peut-être de votre pays ; le roi l'avait bien reçu. Le blanc trouva ici des pierres. Il en avait déjà rempli une petite peau de chèvre, quand...

— Eh bien ! quoi ? dis-je avec impatience.

— On ne sait pas ce qui arriva, dit Gagoul. Le fait est que le blanc jeta ce qu'il avait à la main et s'enfuit. Il avait une pierre serrée dans ses doigts ; celle-là il l'emporta avec lui, mais le roi la lui prit et tu l'as vue au diadème de Touala. Vous verrez la peau de chèvre à terre, et vous saurez si Gagoul dit la vérité.

— Tu prétends que personne n'a franchi cette porte depuis lors ?

— Non, personne, mon seigneur. Chaque roi a appris à ouvrir et à fermer cette porte, mais aucun n'en a dépassé le seuil. On dit que ceux qui le font meurent avant de voir se renouveler une autre lune. Celui que vous avez rencontré dans la caverne n'a pas vécu longtemps après, et vous saurez par vous-même si je me trompe. »

Elle me regardait d'une façon si menaçante que j'en restai tout interdit.

Good qui ne comprenait pas ce qu'elle disait, s'impatienta.

« Mille trompettes ! allons-nous prendre racine ici ? Voyons, Quatremain, dites donc à cette mégère d'avancer ! »

Gagoul disparut dans l'ouverture, portant la lampe. J'avoue que je n'étais pas rassuré ; je suivis cependant les autres, et nous nous engageâmes dans un passage étroit et obscur.

Bientôt Gagoul s'arrêta et nous fit remarquer des blocs qui paraissaient préparés pour faire un mur. Évidemment, on avait eu l'intention de murer la porte. Chose curieuse, il y avait encore là une quantité de mortier desséché et une truelle semblable à celles qu'on emploie maintenant.

Faoulata, qui ne nous avait pas quittés et qui n'avait pas cessé de montrer beaucoup de craintes, déclara qu'elle se sentait incapable d'aller plus loin. Nous la laissâmes assise, adossée contre un bloc de pierre, avec le petit panier de provisions, et nous suivîmes notre guide.

Une porte de bois, artistement travaillée, nous barra

bientôt le passage; elle était entr'ouverte; un sac de peau, qui paraissait plein, était jeté en travers du seuil.

« Tenez, hommes blancs, dit Gagoul en l'indiquant, ne vous l'avais-je pas dit? »

Good souleva le sac; il était lourd et résonnait d'un bruit de cailloux.

« Par Jupiter! s'écria-t-il, c'est peut-être des diamants que tout cela!

— Venez toujours, dit sir Henry, nous ramasserons cela en sortant. Donne la lampe, vieille mégère! »

Il prit la lampe des mains de Gagoul et franchit le seuil de la porte.

Nous le suivimes de près, négligents de ce sac de diamants.

La pâle lueur de la lampe nous montra une petite salle taillée dans le roc. D'un côté était échafaudée une superbe collection de défenses d'éléphants. Nou ne pouvions pas l'évaluer, car nous ne voyions pas la profondeur de cet amas, mais je comptai au moins quatre ou cinq cents pointes qui dépassaient. Cette seule trouvaille suffisait à enrichir l'un de nous. C'était peut-être le magasin d'ivoire d'où Salomon avait tiré de quoi faire ce trône incomparable où il siégeait pour juger un peuple.

Une vingtaine de boîtes peintes en rouge et fermées attirèrent aussi nos regards.

« Ah! voici les diamants! » s'écria sir Henry.

Un des coffres avait été ouvert. Je plongeai la main par l'ouverture et je la retirai pleine, non pas de diamants, mais de pièces d'or d'une forme toute particulière.

« En tout cas, dis-je en remettant l'or, nous ne nous en irons pas les mains vides. S'il y a là deux mille pièces et autant dans les autres coffres, c'est déjà quelque chose.

— C'était peut-être, dit Good, l'argent préparé pour payer les travailleurs; la caisse était bien pourvue. Mais... et nos diamants? Est-ce que le pauvre Sylvestra aurait tout mis dans son sac? »

Gagoul vit que nous avions l'air de chercher; elle devina quoi.

« Regarde dans le coin le plus obscur, dit-elle; il y a là trois coffres : l'un est ouvert, les autres sont fermés.

— Comment sais-tu cela, dis-je, puisque personne n'est venu ici depuis trois cents ans?

— Il y en a qui voient sans leurs yeux. Macoumazahne, tu dois savoir cela, toi qui es avisé. »

J'avais indiqué le coin à mes camarades. Sir Henry avait plongé la main dans une des petites caisses.

« Nous y sommes! s'écria-t-il. Cette fois ce sont des diamants. »

Une niche était pratiquée dans le roc, et là se trouvaient trois coffres d'environ un mètre carré; l'un était ouvert et au tiers vide; les autres étaient fermés et scellés. Je brisai le sceau, non sans un sentiment de profanation.

Que de temps s'était passé depuis que le trésorier avait apposé là son cachet! Le coffre était rempli de diamants! Pas d'erreur possible! C'était bien ce toucher savonneux du diamant brut! Le troisième coffre n'était qu'à moitié plein, mais c'étaient de grosses pierres triées et choisies.

« Eh bien! dis-je avec un soupir de satisfaction, nous pouvons nous dire riches! Monte-Cristo n'était qu'un indigent en comparaison.

— Nous allons rendre ces diamants communs comme le strass, dit Good.

— Mais, d'abord, il faudrait les avoir tirés d'ici, » objecta sir Henry avec son gros bon sens.

Nous nous regardions tout pâles, à la lueur de cette méchante lampe vacillante; nous avions plutôt l'air d'être des voleurs en train de dévaliser une victime que des hommes qui viennent de faire la plus riche des trouvailles.

« Ah! ah! ricanait la mégère, tournant comme un vampire autour de la salle; vous les avez vos pierres; amusez-vous avec; faites-les couler dans vos doigts; mangez-les, buvez-les! Ah! ah! »

Nous regardions toujours. Oui! ces diamants amassés là par Salomon, convoités par dom Sylvestra, ils étaient à nous! Plus heureux que les autres, nous allions les emporter de cet antre, et nous serions colossalement riches. Ce qu'il y avait autour de nous de choses précieuses : or, ivoire, diamants, c'était incalculable comme valeur ! »

Et, tandis que nous essayions de supputer approximativement notre fortune, que nous bâtissions de beaux rêves, nous ne vîmes pas Gagoul se glisser furtivement hors de la chambre des trésors, et, sans bruit, se faufiler le long du passage pour retourner à la porte de roc toujours béante.

Un cri rompit le silence souterrain.

« Au secours! Bougouen! Au secours! »

C'était la voix de Faoulata.

« Au secours! répétait-elle. Vite, vite, la porte s'abaisse! »

Nous nous précipitâmes vers la porte, et, de loin, indistinctement, nous vîmes comme une lutte. Je compris bientôt ce qui s'était passé : Gagoul s'était faufilée dehors ; elle avait touché le ressort qui faisait descendre la porte ; puis, comme pour s'assurer que nous ne soupçonnions aucun danger, elle était rentrée un instant. A ce moment, Faoulata, comprenant le dessein infernal de la sorcière, l'avait saisie à bras le corps et l'empêchait de s'échapper. Gagoul, pour se dégager, avait plongé un poignard dans le cœur de l'infortunée... quand nous arrivâmes, il était trop tard; nous vîmes que la

XIV

LA MÉGÈRE ÉTAIT ÉCRASÉE SOUS LA PORTE MYSTÉRIEUSE.

sorcière, débarrassée de Faoulata, essayait de passer par cette porte qui tombait toujours plus vite.

Il était trop tard pour nous et pour elle aussi, la misérable; la porte la touchait, entravait ses mouvements, l'écrasait, pesant davantage à chaque seconde. Les cris aigus de Gagoul nous pénétraient d'horreur; un craquement sinistre résonna, et ce fut fini. La mégère était écrasée sous la porte mystérieuse! Quelques secondes avaient suffi pour tout ce drame.

Nous nous tournâmes vers Faoulata mourante.

« Je ne la voyais pas, balbutiait la pauvre enfant. Elle m'a frappée! Je meurs! Je n'y vois plus! Adieu, Bougouen! Hélas! Je n'ai pu vous avertir à temps. Vous êtes sages, vous déjouerez ses plans! Adieu! adieu! »

Good, assis à terre, la tenait dans ses bras, essayait de lui réchauffer les mains. Elle leva sur lui ses beaux yeux doux et expressifs.

« Nous nous reverrons dans un autre monde, dit-elle. Peut-être y serai-je blanche, moi aussi! »

Et, avec ce souhait, elle exhala son dernier soupir.

Nous restions émus, désolés, consternés. Good avait la figure inondée de larmes.

« Ne vous désolez pas tant, dit sir Henry. Il n'y a pas de quoi.

— Pas de quoi? répondit vivement Good offensé.

— Elle est plus heureuse que nous, car elle ne souffre plus; mais nous, quelles angoisses nous attendent! Vous ne voyez donc pas que nous sommes enterrés vifs! »

Non, nous n'avions pas encore réfléchi à cela. En effet, comment sortir de cet antre? Le seul être qui connût le secret de la porte, était écrasé dessous, et toutes les armées d'Ignosi, en admettant que le roi sût où était cette porte, n'auraient pas pu en forcer l'entrée.

Au premier abord, l'idée de cette mort lente, de ce long supplice, nous accabla. La scélérate de Gagoul! C'était donc là le sel de sa plaisanterie, quand elle nous disait de boire et de manger les diamants. Depuis qu'elle avait consenti à nous conduire ici, elle avait trouvé ce projet diabolique, et c'était sans doute un tour de la même sorte qu'on avait voulu jouer à dom Sylvestra. Lui, plus heureux, avait échappé au piège.

« Tout à l'heure, dit sir Henry, l'huile va manquer. Cherchons donc, pendant que nous y voyons encore, si nous ne trouverons pas un ressort quelconque. »

Nous suivîmes ce conseil; mais le roc ne portait aucune trace de ressort. Il n'était pas probable que le ressort jouât des deux côtés. Gagoul ne se serait pas glissée sous la porte au risque de sa vie, si elle avait pu faire mouvoir la porte de l'intérieur du passage.

« Inutile! dit sir Henry d'une voix altérée. Rentrons dans la chambre des trésors; nous aurons au moins un peu d'espace pour mourir.

En passant, nous dîmes adieu à la pauvre Africaine.

La petite corbeille, avec le peu de provisions que nous avions apportées, était sur une pierre; je la pris et nous nous retrouvâmes dans la salle. Nous nous assîmes contre ces coffres pleins d'or, richesse maintenant bien vaine à nos yeux.

« Partageons cette nourriture afin qu'elle dure plus longtemps, » dit sir Henry.

Nous en fîmes quatre parts pour chacun. C'était de quoi ne pas mourir pendant deux jours.

« A présent, dit sir Henry, mangeons et buvons, car, dans trois jours, nous devrons mourir. »

Sans appétit, mais par raison, nous prîmes un peu de viande séchée et quelques gorgées d'eau. Cette nourriture releva nos forces, au moral comme au physique.

« Nous ferions bien, dit ensuite sir Henry, de chercher si cette chambre n'a pas une issue.

— Ce n'est guère probable, dis-je; on n'aurait pas ménagé dans cette chambre même une entrée aux maraudeurs. Mais regardons toujours. »

Nous fîmes le tour de la petite salle. Sir Henry tenait la lampe, nous scrutions tous les endroits du haut en bas; nous ne vîmes rien; pas la plus petite fissure! Le roc, toujours le roc, solide et massif.

La lampe faiblissait.

« Quelle heure avez-vous, Quatremain? » demanda sir Henry.

Il était six heures; nous étions entrés à onze heures dans cette caverne.

« Infadous sera inquiet, dis-je; il enverra à notre recherche.

— La belle avance! dit sir Henry; où voulez-vous qu'on nous cherche? Mes amis, nous n'avons qu'une chose à faire : nous en remettre à la Providence et attendre la mort. La poursuite des richesses a été fatale à beaucoup d'hommes : à nous comme aux autres. »

La flamme de la lampe grandit et dansa; elle éclaira vivement le monceau d'ivoire, les coffres d'or, les diamants, nos figures hagardes, décomposées; puis elle vacilla, grandit encore et expira.

CHAPITRE XIV

PLUS D'ESPOIR

Aucun des cauchemars qui ont jamais hanté vos rêves n'a surpassé les réalités de cette nuit affreuse. Heureusement, la nature, en bonne mère, reprit ses droits pendant quelques heures, et un sommeil bienfaisant calma un certain temps nos anxiétés.

Une des sensations qui nous était le plus pénible, c'était le grand silence qui nous enveloppait. Ce silence absolu était accablant. A la surface de la terre, il existe toujours quelque son, quelque mouvement dont on ne se rend pas compte, mais qui exclut le silence complet. Ici, dans les entrailles de la montagne, aucun bruit ne pouvait parvenir jusqu'à nous. Nos plus proches voisins, c'étaient les rois koukouanas, figés dans leurs linceuls de spath, et les morts ne sont adonnés ni au bruit ni au mouvement; mais, se fussent-ils livrés à toutes les sarabandes et à toutes les danses macabres chères aux sorciers, qu'à travers l'épaisseur du roc, aucun son n'en aurait retenti dans notre tombeau. La vanité des choses humaines nous apparut alors dans toute son inanité. Nous étions au milieu de richesses incalculables : or, ivoire, diamants, et toutes nous paraissaient maintenant d'aussi peu de valeur que de la poussière. Avec quelle joie n'aurions-nous pas échangé ces trésors contre notre liberté pure et simple !

« Quelle heure est-il? dit sir Henry. Vous, Quatremain, qui avez des allumettes, regardez donc ! »

Je frottai une allumette ; le contraste de cette flamme avec les ténèbres profondes m'aveugla ; je vis cependant qu'il était cinq heures.

Ainsi, au dehors, l'aurore rougissait les montagnes neigeuses et chassait la nuit des vallées.

« Nous ferons bien de déjeuner, dis-je, nous avons besoin de nos forces.

— Pourquoi faire ! répondit Good, plus tôt ce sera fini, mieux ça vaudra.

— Non, dit sir Henry, tant qu'il y a de la vie, il y a de l'espoir. Mangeons ! »

Nous nous distribuâmes, à tâtons, chacun une portion de biltong, et nous prîmes un peu d'eau.

« Nous pourrions peut-être nous faire entendre si nous criions assez fort auprès de la maudite porte à coulisse, suggéra Good.

— Il n'est pas probable qu'un son pénètre à travers une telle épaisseur de rocher, dit sir Henry, et, en admettant la chose, nous ne pouvons pas espérer beaucoup de secours de ces messieurs attablés depuis des siècles à leur festin funèbre.

— Essayons toujours, dis-je, histoire de dire que nous n'avons rien négligé ! »

Nous nous glissâmes en tâtonnant le long du passage étroit. Nous nous mîmes en devoir de crier, Good surtout. Il persévéra consciencieusement dans cet exercice vocal et fort peu harmonieux. Il hurlait comme un possédé, et c'était effrayant de l'entendre. Naturellement, cet effort fut inutile ; le bourdonnement d'une mouche aurait produit autant d'effet.

Nous retournâmes à notre salle de trésors, suffisamment édifiés sur ce moyen de nous attirer du secours. Good y avait gagné une soif intolérable, et il lui fallut prendre encore de l'eau. Nous n'avions pas assez de liquide pour nous permettre de recommencer cette coûteuse tentative. Puis nous avions, en passant, heurté le corps glacé de Faoulata, et nous craignions de fouler encore ces pauvres restes. En désespoir de cause, nous nous assîmes sur les coffres. Il ne nous restait qu'à attendre la mort dans l'inaction ; et l'inaction, le silence, les ténèbres, le voisinage de la mort, étaient autant de circonstances aggravantes. J'avoue que, devant la fin lente et horrible qui nous attendait, je perdis courage, et, laissant tomber ma tête sur l'épaule de sir Henry, je pleurai comme un enfant. J'entendis Good qui en faisait autant, tout en maugréant d'avoir si peu d'empire sur lui-même.

Sir Henry, avec cette grandeur, cette bonté, cet oubli de soi qui lui étaient propres, nous consolait comme il pouvait. Il nous parlait de gens qui, dans des situations tout aussi critiques, avaient cependant réussi à s'échapper; il tâchait de croire et de nous faire croire que la mort, dans les circonstances actuelles, n'était pas pénible. — Pas pénible! mourir de faim, de soif, d'isolement! — Nous aurions voulu ajouter foi aux paroles de notre ami. — Puis, il nous parlait de la Providence, de Dieu, et il nous engageait à nous remettre à la bonté suprême pour la vie ou pour la mort.

Une journée s'écoula ainsi. Quelle journée! On passe dans la vie des années qui semblent moins longues. Quand je frottai une autre allumette, je vis qu'il était sept heures.

Tout à coup, Good s'écria :

« Mais l'air n'est pas encore impur; la salle n'est pas grande, et, depuis le temps que nous sommes ici, nous devrions sentir l'air vicié. L'air doit se renouveler. »

Cette sortie de Good nous réveilla de notre désespoir:

« Cherchons! m'écriai-je, cherchons encore! »

Nous nous mimes à tâter le sol avec une ardeur nouvelle; mais, au bout d'une heure ou deux, nous nous rassîmes, considérablement meurtris, fatigués et de nouveau découragés. Good, cependant, n'abandonna pas la partie. Il ne s'était peut-être pas assez de fois heurté aux défenses d'éléphants et cogné aux parois anguleuses; il disait avec un certain entrain que ça valait mieux que de ne rien faire du tout.

« Camarades, cria-t-il enfin d'une voix étouffée, venez donc ici! »

Guidés par sa voix, nous nous dirigeâmes vers lui aussi promptement que faire se pouvait dans ces ténèbres.

« Tenez! » dit-il dès que je le touchai.

Et prenant ma main, il la plaça sur le sol.

« Ne sentez-vous rien?

— Mais si! Il me semble qu'il vient de là un souffle d'air. »

Good se leva; de son talon il frappa le sol à cet endroit. Cela sonnait creux.

« Une allumette! Vite une allumette. »

Et l'allumette nous montra une rainure dans le sol. Avant que l'allumette fût éteinte, Good avait mis la main sur un anneau en pierre. Il avait un fort couteau muni d'un bon crochet; il l'ouvrit et travailla tant et si bien qu'il introduisit son crochet sous l'anneau.

« A présent, cria-t-il, commencez, Quatremain; moi, j'ai les mains toutes tremblantes. »

J'essayai de tirer; rien ne bougea. Good ôta sa cravate de soie et la passa dans l'anneau. Sir Henry y mit aussi toutes ses forces : encore en vain.

« Allons-y tous trois, donc ! » s'écria Good.

Sir Henry de ses mains puissantes saisit la cravate; je tirai sir Henry par la taille, et Good me tenait de la même façon.

« Une! deux! trois! » Un effort monstre, un bruit de séparation, un courant d'air, et nous étions tous trois sur le dos, les quatre fers en l'air, avec la dalle de pierre sur nous !

« Bravo! s'écria Good, qui fut le premier relevé. Voici une issue ! C'est la délivrance !

— Il faut voir, dit sir Henry. Une allumette encore ! Combien vous en reste-t-il, Quatremain?

— Trois! » dis-je en en frottant une.

La lumière nous montra une ouverture assez large où commençait un escalier.

« Descendons! dit sir Henry, cet escalier doit mener quelque part.

— Je vais prendre le reste de nos provisions ! » dis-je.

Et en passant je me heurtai contre les coffres.

« Autant emporter quelque chose en souvenir, dis-je. Camarades! Je prends des diamants plein mes poches. Faites-en autant!

— Merci bien! dit sir Henry; j'en ai assez de vos

diamants! Ils me donnent des nausées. Notez bien que nous ne sommes pas encore dehors ! »

Good n'était pas plus avide que sir Henry; il ne voulut pas faire un pas pour s'approprier un peu de ces richesses. Un adieu à l'infortunée Faoulata, et ils descendaient tous deux. Je les suivis bientôt, mais non sans avoir bourré toutes mes poches. Chez moi, vieux chasseur, c'est une habitude invétérée de ramasser tout ce qui peut être utile. Aussi j'avais d'instinct plongé la main à plusieurs reprises dans les coffres, sans négliger la caisse aux gros diamants.

« Faites bien attention en descendant, sir Henry! dis-je. Il y a peut-être de l'eau à la dernière marche.

— Il y a plutôt une autre salle, » dit sir Henry, descendant avec prudence.

Il comptait les marches; arrivé à dix-huit, il s'arrêta.

« Nous sommes au bas, » dit-il.

Nous nous reculâmes en nous touchant. Chacun de nous étendit les bras pour tâter.

« Encore une allumette, dit sir Henry, c'est le cas ou jamais ! »

L'avant-dernière allumette brilla. Nous étions dans une sorte de couloir.

« De quel côté nous diriger? dit sir Henry.

— N'importe! répondit Good.

— Mais pardon, il importe beaucoup! Un bout de ce

corridor peut mener dans une fosse, et l'autre extrémité nous conduire au jour.

— C'est juste, dit Good; mais, comme vous ne savez pas s'il vaut mieux prendre à droite qu'à gauche, allons au petit bonheur!... Mais non; tenez, avez-vous remarqué que la flamme de l'allumette a penché à gauche; c'est que l'air vient du côté opposé. Dirigeons-nous toujours du côté de l'air.

— Vous avez raison, dit sir Henry, allons à droite! »

Nous partîmes donc à droite, avançant le pied avec une précaution extrême, les deux mains toujours tendues. Tout à coup, le corridor se trouva coupé; c'était une voie semblable qui traversait celle que nous avions prise. Nous suivîmes la voie nouvelle un certain temps; puis celle-ci bifurqua; et une autre de même, et ainsi de suite, pendant fort longtemps. C'était un labyrinthe inextricable. Un heureux hasard pouvait seul nous mener à une issue, si toutefois il y en avait une. La seule explication plausible que nous nous fîmes de cet enchevêtrement de passages était que nous étions dans les galeries d'une mine abandonnée, dont les directions capricieuses et multiples suivaient le fil de la veine. Enfin, au bout de je ne sais combien d'heures, nous nous laissâmes glisser à terre, harassés de fatigue et démoralisés jusqu'à l'âme. Un peu de nourriture nous restait; nous apaisâmes notre faim et notre soif avec cette dernière ration, et nous attendîmes. Nous n'avions échappé à la mort au sein des trésors que pour retrouver notre ennemie dans ces galeries.

Nous étions déjà là depuis longtemps, quand il nous sembla percevoir un bruit.

« N'entendez-vous pas quelque chose? » dis-je à mes compagnons.

Ils prêtèrent l'oreille.

« Oui, dit Good, j'entends comme un murmure d'eau.

— Courage! m'écriai-je, nous sortirons d'ici en suivant le cours de cette eau, car elle court, puisqu'elle bruit, et elle doit s'écouler au dehors! »

Nous nous remîmes en marche, guidés par ce clapotement de l'eau. Je renonce à dire le bien-être que nous en ressentions après la tristesse mortelle du grand silence qui nous enveloppait depuis si longtemps.

Le bruit augmentait. C'était certainement celui de l'eau qui tombait et rejaillissait. A mesure que nous avancions, il était plus fort; il devint formidable dans ce silence.

« Attention! dit sir Henry, attention! Good, vous qui êtes en avant, n'allez pas tomber dans l'eau : il me semble que nous approchons.

— N'ayez crainte, dit Good; depuis que nous allons à tâtons, je commence à avoir des yeux au bout des mains et des pieds. Mais nous ne sommes pas loin de l'eau; je la flaire, moi aussi. »

A peine avait-il parlé, qu'un bruit de chute dans l'eau, un cri étouffé nous arrêtèrent net, sir Henry et moi.

« Good! Good! Où êtes-vous? » criâmes-nous ensemble.

— Par ici! Par ici! Une allumette, que je sache par où me diriger! » répondit Good du sein de l'eau.

Vivement la dernière allumette fut frottée. Nous aperçûmes Good accroché à un roc qui s'élevait comme un îlot au milieu d'une grande nappe d'eau sombre, dont seuls étaient visibles les bords qui s'étendaient à nos pieds.

Nous n'avions pas eu le temps d'en voir davantage, que l'allumette me brûlait les doigts et nous laissait de nouveau dans les ténèbres. Good s'était rejeté à la nage, et, guidé par nos voix, il ne tarda pas à saisir une des mains que nous lui tendions.

« Voilà ce qui s'appelle un plongeon maladroit, dit-il en prenant pied. Heureusement, je sais nager, et il vous restait une allumette, Quatremain. Sans cela je vous faussais compagnie, et pour tout de bon! Car c'était profond, je vous assure, je n'ai pas senti le fond. »

Oui, malgré la mort qui nous paraissait inévitable, nous nous réjouissions de n'avoir pas perdu Good de cette façon tragique. Et pourtant quel espoir avions-nous? Aucun, sauf celui d'errer à l'aventure, de galerie en galerie, jusqu'à ce que nous tombions morts de fatigue et de besoin?

« Il est clair, dit sir Henry, que notre voie n'est pas dans les environs de cette eau. Rebroussons chemin! »

Mais, avant de quitter ces parages, nous nous désaltérâmes abondamment, et nous fîmes des ablutions qui nous rafraîchirent et nous fortifièrent grandement. L'eau était bonne et fraîche. D'où elle venait, où elle allait, comment il se faisait qu'il y eût de l'eau courante dans un souterrain, ce sont des questions que nous nous posions sans les résoudre.

Nous reprîmes donc notre marche. Arrivés à un croisement de galeries, nous nous arrêtâmes encore. De quel côté aller?

« Oh! maintenant, dit sir Henry, nous marchons pour marcher, car je n'ai plus une parcelle d'espoir. Une galerie en vaut une autre. Prenons celle de droite. C'est assurément une mine abandonnée et toutes les issues en sont fermées. »

Sir Henry prit les devants, cette fois. Nous marchions toujours lentement, mollement, comme des gens sans courage qui savent que leur peine est en pure perte. Une galerie après une autre, encore une, puis une autre; peut-être, après tout était-ce toujours la même! Oh! quelle lassitude, quelle démoralisation que la nôtre!

Tout à coup, je me heurtai sur sir Henry; il s'était arrêté.

« Vous ne voyez pas une sorte de lueur, là, devant nous? » dit-il.

D'abord je n'en vis point; mais, au bout d'un moment, il me sembla distinguer comme une pâleur dans cette nuit profonde. Était-ce l'effet de la fatigue, une hallucination de notre cerveau fatigué.

« Il me semble voir quelque chose, dis-je; ce n'est pas une lumière, mais on dirait que les ténèbres se dissipent un peu là-bas! »

Nous avions déjà espéré et désespéré tant de fois dans le cours de nos périlleuses aventures, que je ne sais quelle espérance obstinée nous fit de nouveau entrevoir la délivrance. Notre marche vacillante redevint plus ferme; nous hâtâmes le pas. La lueur devenait moins indécise; c'était comme une petite lucarne, et je ne crois pas que d'autres yeux que les nôtres, si longtemps habitués à la nuit, eussent perçu cette pâleur grise, si peu sensible. Mais c'était tout; cette lueur, c'était la vie, le salut, car elle venait forcément de l'extérieur; du moins nous le croyions.

Nous avancions, et la galerie diminuait. Bientôt sir Henry dut se baisser, se traîner, aller à quatre pattes, ramper... mais qu'importe; des bouffées d'air frais, d'un grand air pur qui avait caressé les montagnes, arrivaient jusqu'à nous. Nos poumons s'ouvraient à

XV

JE VIS GOOD A CHEVAL SUR UNE RACINE FOURCHUE.

son souffle bienfaisant; nous nous traînions derrière sir Henry, nous rampions. L'ouverture devint si étroite, que sir Henry dut faire les plus grands efforts pour continuer; enfin, il réussit à s'en tirer, puis moi, puis enfin Good! Nous étions dehors!

Ciel! Quelle délivrance! Au-dessus de nos têtes s'élevait le dôme azuré encore tout constellé d'étoiles. Nous n'avions eu que le temps de nous redresser, et soudain la terre s'éboula sous nos pieds, et nous voilà partis à dégringoler d'une façon vertigineuse. Au bout d'un instant je parvins à saisir une branche de buisson et je m'arrêtai. Sir Henry répondit à mon appel, et je pus descendre jusqu'à lui. Une seconde après, je vis Good à cheval sur une racine fourchue. Cette chute inattendue ne nous avait pas endommagés; mais nous étions tout étourdis et meurtris. Il nous fallut quelques minutes pour nous remettre.

Nous restâmes là, assis sur l'herbe, savourant le bonheur de l'existence reconquise, et, dois-je le dire? était-ce faiblesse physique, après tant de fatigues, de veilles, avec si peu de nourriture, ou était-ce un sentiment naturel? nous pleurions de joie.

Nous avions donc, une fois de plus, échappé à la mort! Assurément, c'était la main même de la Providence qui nous avait fait prendre cette galerie aboutissant à un trou de chacal, plutôt qu'une autre. Et nous étions dehors! Oui! là! devant nous, se dressaient les grandes montagnes déjà éclairées par l'aube; nos yeux voyaient cette aurore rougissante que nous ne croyions plus contempler.

Quand il fit clair, nous reconnûmes que nous étions presque au fond de la grande excavation où veillaient les Silencieux, et nous voyions à proximité leurs trois gigantesques silhouettes, découpées en noir sur le ciel éclairé par la lumière du matin. Les galeries interminables où nous avions erré toute la nuit avaient sans doute communiqué autrefois avec ce puits à diamants.

Le jour était venu. Nous nous fîmes presque peur. Nous ne nous serions pas reconnus si nous nous étions rencontrés dans cet état : couverts de sang et de poussière, les traits hagards, décomposés, l'empreinte de la mort encore gravée sur nos fronts, les yeux battus, les joues creuses, le teint hâve, les vêtements déchirés...

L'impression que chacun de nous produisait sur les deux autres ne laissait aucune illusion sur les ravages que ces heures affreuses avaient amenés en nous. Je dois cependant signaler que, dans toutes ces aventures, ces périls, ces chutes, le monocle de Good n'avait pas quitté sa place; vous le croirez si vous voulez, moi je l'ai constaté.

« Allons, ne nous immobilisons pas ici, dit sir Henry; tout à l'heure nous serons incapables de bouger. »

La raideur gagnait déjà nos membres fatigués; nous

n'aurions pas pu marcher si nous avions attendu davantage.

Il nous fallut plus d'une heure pour grimper le talus du puits, en nous accrochant aux broussailles, aux racines, aux herbes.

Enfin, nous fûmes en haut! Non loin de nous un beau feu flambait gaîment entre quelques huttes, autour desquelles des indigènes étaient occupés à préparer le repas du matin. Nous nous dirigeâmes péniblement vers eux, trébuchant et nous arrêtant à chaque pas. Tout à coup, un de ces indigènes nous vit; il s'élança de notre côté et, de frayeur, se jeta à terre. C'était Infadous.

« As-tu peur de tes amis, Infadous? lui criai-je.

— Ah! mes seigneurs! dit-il, vous revenez donc de chez les morts? »

Pleurant de joie, Infadous vint serrer les genoux de sir Henry et lui baiser les mains.

Nous étions sauvés et nous nous retrouvions parmi nos amis.

CHAPITRE XV

DÉPART DU PAYS DES KOUKOUANAS

Quelques jours après notre sortie extraordinaire des régions ténébreuses où nous avions désespéré de la vie, nous étions réinstallés dans nos anciens quartiers. Avant de quitter la montagne nous voulûmes revoir la grotte mortuaire des rois et essayer de ravir son secret à cette porte étrange. Maintenant que nous étions dehors, libres, respirant à pleins poumons l'air parfumé qui flottait sur les montagnes, nous ne pensions plus tant à la vanité des richesses ; nous ne disions plus de mal des diamants. Si cette porte de granit s'était de nouveau levée, nous livrant libre accès aux trésors, je n'ose pas dire que notre cupidité réveillée ne nous eût pas poussés à nous en approprier autant que possible ; mais l'embarras du choix ne se présenta pas. Nous ne découvrîmes pas la moindre fissure dans le roc, pas la plus petite fente à l'endroit où nous pensions qu'était la porte ; la masse rocheuse et uniforme ne nous divulgua pas trace de son secret. Nous dûmes ressortir aussi ignorants qu'à notre entrée. Les trésors ensevelis dans la montagne sont là pour jamais avec le corps de cette jeune fille, morte si malheureusement.

Ensuite, nous essayâmes de retrouver le trou de chacal qui nous avait si bien servi. Autant chercher une aiguille dans un tas de foin. Il y avait des centaines de trous identiques. Les buissons s'étaient redressés après notre chute, rien ne distinguait un trou d'un autre. Force nous était d'abandonner notre recherche. Nous n'avions pas encore trop le droit de nous plaindre ; mes poches étaient pleines de diamants, et, quoique, dans ma chute, j'en eusse perdu beaucoup, il m'en restait encore considérablement. Je n'aurais pas échangé mon vieux paletot ainsi garni contre son poids d'or.

A notre retour à Loo, Ignosi nous reçut avec sa cordiale affection. Il écouta, étonné, l'histoire de la mort de Faoulata et de Gagoul et celle de notre merveilleuse délivrance.

« Je suis heureux, dit-il, de savoir que cette maudite sorcière est morte. Elle a été trop longtemps la plaie du pays ; elle n'a jamais cherché qu'à semer les querelles ; son bonheur était de faire couler le sang. Elle a trouvé sa juste récompense en périssant dans le propre piège qu'elle vous avait tendu. Tant mieux, nous en voilà débarrassés.

— A présent, Ignosi, dis-je, nous voudrions retourner dans notre pays. Tu es venu ici avec nous comme un simple serviteur, et nous te laissons roi puissant d'un peuple soumis. Par attachement à notre souvenir et en reconnaissance de notre aide, applique-toi à bien gouverner, avec justice, sagesse, modération; respecte la vie de tes semblables; sois heureux, prospère et vis longtemps dans ta patrie reconquise. »

Le roi cacha sa figure dans ses mains, et, après un assez long silence, il dit :

« Tes paroles, Macoumazahne, déchirent mon cœur. Pourquoi voulez-vous me quitter? Vous ai-je manqué en quelque chose ? Que vous ai-je fait ? Quoi! dans les jours de l'adversité, vous m'avez soutenu et aidé; puis, quand la paix succède aux jours difficiles, vous parlez de partir! Non, mes pères blancs, restez avec moi. Tout ce qui est à moi est à vous. Désirez-vous des terres, du bétail, des serviteurs? Prenez ce que vous voulez. Vous faut-il une demeure telle que les habitations des pays civilisés? On vous en fera une sous vos ordres. Vous voyez, le pays est bon, beau, giboyeux; habitez-y; je ferai tout pour vous rendre heureux.

— Merci, roi Ignosi, tout ce que tu nous offres est

excellent, mais nous voulons revoir notre patrie.

— Oh! reprit-il avec amertume, je vois ce que c'est! Vous ne vouliez que des diamants! Vous en avez trouvé et vous les préférez à votre ami. Vous êtes avides de richesses comme sont tous les blancs. Vous vendrez les diamants et vous oublierez Ignosi dans votre vie large et joyeuse. Maudites soient ces pierres! Je prononce sentence de mort contre quiconque en trafiquera dans mon pays. Allez! hommes blancs, vous aurez une escorte. Vous pourrez partir quand vous voudrez.

— Ignosi! dis-je, posant affectueusement ma main sur la sienne, te rappelles-tu combien ton cœur languissait quand tu étais à Natal? Tu soupirais après le lieu de ta naissance, et tous les attraits de nos villes civilisées ne pouvaient te détourner de l'inclination qui te portait vers la terre des Koukouanas. De même, notre cœur se tourne vers notre patrie; nous avons besoin de la revoir; c'est là que j'ai un fils; pourquoi son père l'abandonnerait-il? »

Ignosi, radouci, baissait la tête pendant que je parlais.

« Tu dis la vérité, Macoumazahne; tes paroles sont pleines de sagesse. Je comprends que vous désiriez revoir votre patrie. Allez donc! mon triste cœur restera plein de votre souvenir, car, pour moi, vous serez comme morts; jamais plus je n'entendrai parler de vous. Mais, quand l'âge aura blanchi vos cheveux, et que, tout frissonnants, accroupis près du feu, parce que le soleil aura perdu sa chaleur, vous regarderez en arrière, pensez aux jours que nous avons passés ensemble. Dans votre esprit, vous reverrez ce combat où nous avons vaincu les guerriers de Touala, et toi, ô Incoubou, tu te rappelleras comment tu as brisé la force du taureau sauvage, et comment tu l'as abattu sous tes coups. Maintenant, mes seigneurs et mes amis, partez, avant que mes yeux se fondent en ruisseaux de larmes ! Adieu pour toujours. Incoubou, Macoumazahne, Bougouen ! soyez heureux dans le pays de vos pères ! Adieu ! »

Il se leva, s'approcha de nous, nous regarda longuement comme pour graver nos traits dans sa mémoire; après quoi, il se voila la face en jetant le pan de son manteau sur sa tête, afin de ne plus nous voir.

Nous nous éloignâmes en silence.

Ignosi n'était qu'un sauvage, et nos existences n'avaient pas été longtemps associées; cependant, cette séparation nous serra le cœur. Nous regagnâmes notre kraal sans pouvoir parler.

Le lendemain, à l'aurore, nous partions. Infadous nous accompagnait avec une bonne escorte : le régiment des Buffles. Quoique l'heure fût matinale, la ville était éveillée et fourmillait de braves indigènes sortis pour nous voir une dernière fois. Les hommes nous saluèrent, et les femmes, en nous bénissant, nous jetaient des fleurs. Cette ovation spontanée et inattendue nous toucha vivement.

Infadous nous conduisit à une passe à travers la montagne, au nord de la route de Salomon. C'était un chemin beaucoup plus facile que celui que nous avions suivi pour venir. Les chasseurs du pays le prennent quand ils poursuivent l'autruche dans les sables arides où elle vagabonde. Ses plumes sont l'objet d'un trafic très actif. Infadous nous apprit que des chasseurs avaient connaissance d'une oasis fertile à quatre ou cinq jours de marche, et il nous conseilla de marcher dans cette direction. L'idée nous parut bonne. Les chasseurs qui se trouvaient dans l'escorte assuraient que, de l'oasis, nous gagnerions facilement les terres habitables. Nous supposâmes alors que la mère d'Ignosi avait pris cette route pour quitter le pays lorsqu'elle fuyait Touala et Gagoul; par cette voie, la délivrance de cette femme n'avait rien d'extraordinaire.

En voyageant sans nous presser, nous arrivâmes, le quatrième jour, à la muraille montagneuse qui sépare du désert le pays des Koukouanas. Devant nous rayonnait l'immensité des vagues sablonneuses. On nous indiqua la pente rapide que nous avions à descendre et nous nous séparâmes de notre brave et loyal ami Infadous. Il nous quitta en nous souhaitant mille bonnes chances, et, tout vieux guerrier qu'il était, il avait des larmes dans la voix.

« Jamais, ô mes seigneurs, disait-il, je ne reverrai vos semblables! Jamais mes yeux ne contempleront des combats pareils. Oh! comme Incoubou abattait les hommes à la guerre! De quel coup il fit rouler la tête de Touala! C'était magnifique! Même dans mes rêves, je n'imaginerai rien qui le surpasse. »

Nous ne pouvions rester insensibles à une si affectueuse manifestation. Good en fut tellement touché qu'il voulut offrir un souvenir au vieux chef. Il alla jusqu'à lui faire le sacrifice de son monocle. Rassurez-vous, Good ne fut pas dépouillé de son ornement indispensable. Nous sûmes qu'il en avait un de rechange, dans quelque retraite ignorée. Infadous apprécia ce don à sa juste valeur. Il vit immédiatement de quel prestige cet appendice rare allait le rehausser parmi ses compatriotes. Après quelques essais infructueux, il réussit à l'encadrer dans son arcade sourcilière, et la satisfaction du vieux guerrier fut à son comble. C'était un comble aussi de voir ce vieux sauvage avec cet ornement disparate. Non, décidément les monocles jurent avec les costumes de peaux de léopard, les plumes d'autruche, les ceintures et les genouillères de queues de bœuf.

Bref, bien renseignés, approvisionnés d'eau, nous serrâmes la main au chef et nous le quittâmes, suivis du bruyant salut des Buffles.

Nos pérégrinations recommencèrent. La descente

était rude; malgré cela, le soleil couchant nous trouva campés sains et saufs au bas de la montagne.

Le soir, près du feu, sir Henry dit :

« Nous n'aurions pas été trop malheureux chez ces sauvages, après tout. Qui sait si les pays civilisés nous seront aussi favorables!

— J'ai bonne envie d'y retourner, vraiment, dit Good; nos propres compatriotes ne nous feront pas tant d'accueil, à coup sûr.

— Pour moi, dis-je, j'avoue que tout est bien qui finit bien. Ma vie a été accidentée, mais je n'ai jamais vu rien de comparable à cette bataille. Le souvenir de Touala me fait encore l'effet d'un cauchemar, et, quant à ce séjour dans la montagne, le mieux est de n'y plus penser. »

Le lendemain, nous reprîmes notre marche. Le matin du troisième jour, nous distinguions les arbres de l'oasis. Avant le coucher du soleil, nos pieds brûlants foulaient l'herbe verte, et nous nous désaltérions au courant d'eau fraîche qui fertilise ce refuge.

CHAPITRE XVI

RETROUVÉ

L'oasis nous parut charmante. Nous voulûmes l'explorer pour trouver un gîte où passer la nuit. J'ouvrais la marche; j'étais même assez loin de mes camarades, et je suivais sans inquiétude le joli ruisseau qui traverse la petite nappe de verdure et se perd dans le sable un peu plus loin. Tout à coup, je m'arrêtai. Devant moi se dressait une fort jolie hutte, élevée dans un site délicieux et adossée à un énorme figuier. Elle était faite à la façon cafre, en osier et en herbes séchées; seulement, au lieu du trou rond habituel, une grande porte donnait accès à l'intérieur de l'habitation rustique.

Était-ce une hallucination de mon cerveau surchauffé par le soleil du désert, ou était-ce une réalité? Je restais immobile, me frottant les yeux, essayant de me rendre compte.

« Comment peut-il y avoir une hutte ici? » pensai-je.

L'interrogation n'était pas terminée dans mon esprit, qu'un personnage revêtu d'une peau de bête sauvage, parut sur le seuil. Il était de taille moyenne; sa longue barbe et ses cheveux étaient noirs; c'était un homme blanc! Il fit quelques pas en me voyant; je remarquai qu'il boitait. Un chasseur, surtout un blanc, ne serait pas venu s'établir dans un endroit pareil! Décidément, mon esprit mal équilibré divaguait. Mes amis arrivaient juste à ce moment.

« Voyez donc! m'écriai-je en me tournant vers eux et indiquant la hutte, suis-je le jouet d'une illusion, ou bien y a-t-il là, devant nous, un homme blanc sur le seuil de la porte de cette cabane? »

Sir Henry et Good avaient suivi ma main; le blanc se précipita vers nous, c'est-à-dire que la hâte était dans son intention, car son infirmité l'entravait péniblement. Lorsqu'il fut tout près, il tomba devant nous presque évanoui. Sir Henry se jeta sur lui avec un cri :

« Ciel! c'est mon frère! »

Au son de nos voix, un autre individu, à demi vêtu de peau aussi, parut au seuil de la hutte; il s'élança vers nous, un fusil à la main, comme pour défendre son compagnon. Mais, en approchant, il poussa une exclamation :

XVI

« CIEL! C'EST MON FRÈRE! »

« Macoumazahne! tu ne me reconnais donc pas? Je suis Jim le chasseur! »

Il se roulait devant moi comme un chien, pleurant de joie.

« J'ai perdu le billet que tu m'avais remis, reprit-il. Je ne sais pas si nous avons pris le bon chemin; mais cela ne fait rien, car il y a bientôt deux ans que nous ne pouvons sortir d'ici.

— Misérable! lui dis-je, tu mérites d'être pendu pour avoir perdu ce billet; mais, si tu es confiné ici depuis deux ans, tu as expié ta faute. »

Pendant que Jim m'occupait, l'homme à la barbe noire s'était relevé. Sir Henry et lui s'étaient pris par la main, et, après une longue et pénible absence, ni l'un ni l'autre ne trouvait rien à dire. De leur querelle, il ne fut pas même question. Dans la joie du revoir, tout était oublié.

Au bout d'un moment, sir Henry, redevenu maître de lui, dit :

« Pauvre Georges, je vous croyais mort! Je viens d'explorer les montagnes de Salomon, en quête de vous, et, sachant que vous n'étiez pas arrivé jusque-là, j'ai cru que vous aviez péri dans le désert. J'avais abandonné tout espoir, et voici que, par un hasard miraculeux, nous vous retrouvons retenu dans ce coin solitaire.

— Il y a quelque chose comme deux ans, dit

Georges, avec l'hésitation de ceux qui n'ont plus l'habitude de la parole, que j'ai quitté les pays civilisés pour aller tenter fortune aux montagnes de Salomon. Je suis parvenu jusqu'ici sans trop de peine, et déjà j'augurais bien de mon expédition; mais le malheur voulut que, le jour même de notre arrivée, une grosse pierre m'écrasât la jambe et me rendît incapable de marcher.

— Monsieur Neville, dis-je en me présentant alors, vous ne me reconnaissez pas ?

— Tiens! Tiens! Mais si! Certainement je vous reconnais, monsieur Quatremain! Et ça?' mais c'est Good! Si je m'attendais à une pareille rencontre dans un pays perdu comme celui-ci! Je croyais ne plus revoir une figure amie; tous les bonheurs viennent à la fois! »

Ce soir-là, quand nous fûmes restaurés, Georges Curtis nous raconta ses aventures. Je les résume en quelques lignes : Mon billet étant perdu, il n'en avait pas été question. Sur les données des indigènes, Georges Curtis avait pris la route qui mène à la passe accessible d'où nous venions de descendre, et c'est assurément le meilleur chemin. Après bien des incidents, cependant, et beaucoup de souffrances, le voyageur était arrivé à cette oasis. Il s'imaginait avoir accompli le plus difficile, quand le malheureux Jim, en tirant une pierre derrière laquelle se trouvait un nid de ces abeilles sans aiguillon, communes en

Afrique, un quartier de roche ébranlé avait roulé juste sur le pauvre Curtis. Malgré tout son courage, Curtis, la jambe écrasée, avait dû rester où l'accident l'avait surpris. Depuis cette époque, il avait vécu en Robinson, avec Jim pour Vendredi. Sa jambe ne guérissait pas, et il n'y avait pas à songer à traverser les sables brûlants dans ces conditions.

Sauf la solitude, ils n'avaient pas eu à se plaindre. Ils avaient, par manière de distraction, cultivé un peu de terrain ; les bêtes fauves qui venaient se désaltérer au ruisseau fournissaient leur table de rôtis nombreux et succulents. Leur provision de munitions était encore abondante ; du reste, ils en avaient été économes et n'avaient pas négligé l'emploi des pièges. Leur garde-robe européenne avait depuis longtemps dû être renouvelée, et les peaux des animaux tués avaient été fort utiles aux deux solitaires. Ils avaient, les premiers mois, espéré que les chasseurs d'autruches viendraient camper dans leur oasis ; mais jusque-là aucun être humain n'avait interrompu la monotonie de leur exil.

« Nous avions résolu, ajouta Georges en terminant, que Jim partirait demain pour aller au Kraal de Sitanda chercher du secours, tant nous étions fatigués de cette vie ; mais j'étais convaincu que je ne le verrais plus et que je mourrais seul, oublié et misérable, dans cet endroit abandonné.

— Vos pronostics sont comme les rêves, dit sir

Henry, il faut les interpréter à rebours. Car, non seulement vous ne mourrez pas oublié ici, mais j'espère bien qu'une fois de retour dans notre pays, vous me ferez le plaisir d'y vivre longtemps. »

Sir Henry raconta ensuite nos aventures à son frère.

« Vous n'avez pas tout perdu, dit Georges, quand sir Henry lui eut raconté notre trouvaille de diamants, car vous voilà riches!

— Oh! dit sir Henry, moi, pas plus qu'avant! Tout cela, nous l'avons stipulé d'avance, appartient à Quatremain et à Good. Vous savez bien que je n'en ai pas besoin; mes revenus suffisent à mes dépenses. Je n'ai pas d'ambition et ne convoite rien de plus. »

Sir Henry avait toujours refusé de partager notre butin; mais, après beaucoup d'insistance de notre part, il consentit à en accepter le tiers pour son frère. Le pauvre garçon avait encore plus souffert que nous, et il n'avait rien gagné à son voyage d'exploration.

. . . .

Il me semble qu'il est temps de poser la plume. J'ajoute seulement que notre voyage de retour n'alla pas sur des roulettes. Nous aurions déjà eu beaucoup de peine chacun pour son compte personnel; mais ce que nous endurâmes de fatigue à cause du pauvre Georges, c'est inouï. Il était très faible; sa jambe n'était qu'une plaie, qu'aggravaient la chaleur et la marche. L'un de nous devait toujours le soutenir, et notre voyage à travers le désert dura presque le double du temps nécessaire. Cependant ce voyage-là aussi eut un terme. Nous arrivâmes harassés, mais tous vivants, au Kraal de Sitanda. Le vieux coquin qui avait nos bagages en dépôt fut désagréablement surpris de notre retour ; il avait déjà calculé quel profit il allait tirer de nos dépouilles, et il regretta sincèrement que nos os ne fussent pas restés à blanchir au soleil. Nous laissâmes Georges Curtis se refaire un peu, en compagnie de son frère, au Kraal de Sitanda ; puis nous reprîmes le chemin de la patrie. Six mois après, j'étais réintégré à Durban, dans ma maisonnette au bord de la Bérée.

C'est de là que j'envoie mes adieux aux lecteurs bienveillants qui m'ont accompagné dans ce voyage, qui fut l'épisode le plus extraordinaire d'une existence pourtant fort accidentée.

Je finissais les dernières lignes, quand je vis un Cafre qui courait le long de mon avenue d'orangers ; il portait une lettre au bout d'un bâton fendu. Cette lettre est de sir Henry ; je la trancris :

« Cher ami,

« Vous avez déjà dû recevoir, par le dernier paquebot, un mot pour vous avertir de notre heureuse arrivée. Aujourd'hui je vais vous donner des nouvelles plus détaillées.

« Notre traversée fut excellente; mon frère s'en trouva bien, et, puisque je suis sur son chapitre, je vous dirai que les médecins espèrent le guérir complètement; il boitera cependant toujours. Aussitôt débarqués à Southampton, nous n'eûmes rien de si pressé que de faire un tour en ville. Good n'attendit pas au lendemain pour paraître habillé de neuf, rasé, coiffé, ganté, parfumé, paré d'un nouveau monocle. Au parc, nous rencontrâmes des connaissances, et il me fallut parler de notre voyage merveilleux, du succès de Good. Il paraît que ces personnes trouvèrent la chose amusante, et l'une d'elles qui a des accointances dans le journalisme, fit imprimer cela tout vif. Good est furieux; sa modestie naturelle s'offense de la publicité et du regain de faveur qu'obtiennent ses belles jambes blanches.

« Mais venons à quelque chose de plus sérieux. Vos diamants ont été portés chez un joaillier pour les faire estimer, comme nous en étions convenus. Vous êtes riche, camarade, fabuleusement riche; je n'ose pas vous dire la valeur approximative que le commerçant leur a assignée. Jamais on n'a mis en vente autant de diamants, ni de plus parfaits. Ils sont de la plus belle eau et aussi précieux que les pierres les plus estimées du Brésil. Les joailliers ne peuvent pas les acheter tous à la fois; leurs finances n'y suffiraient pas. Ils conseillent de les mettre sur le marché par petites quantités, pour n'en pas faire baisser le cours. J'ai une offre de vingt millions de francs pour une petite quantité. Vous êtes nécessaire ici pour vous occuper de cela, mon cher Quatremain. Vous savez que Good n'est pas qualifié pour les affaires sérieuses; soigner sa personne lui est une occupation suffisante. Allons! décidez-vous. Il y a tout près de chez moi une jolie propriété à vendre, vous êtes assez riche pour vous en payer la fantaisie. Si le récit de nos aventures n'est pas tout à fait terminé, vous écrirez le reste sur le bateau. Nous n'avons conté à personne nos voyages dans la crainte de nuire à votre publication.

« Je vous retiens pour les fêtes de Noël qui approchent. Good et mon frère seront ici. J'attends aussi votre fils, et, si cette société ne vous allèche pas, j'y perds mon latin. C'est un gaillard bien dégourdi, votre Harry; il ira loin, c'est moi qui vous le dis. Nous l'avons eu pour la chasse, et il a commencé par me décharger son fusil dans la jambe. Il m'a froidement extrait le plomb, en remarquant qu'un étudiant en médecine n'est jamais de trop dans les parties de plaisir.

« Mon camarade, je n'en dis pas plus long, car je vous attends et vous ne vous ferez pas prier davantage pour obliger votre ami,

« H. CURTIS. »

« P. S. Les défenses de l'éléphant qui a tué Khiva sont dressées dans le vestibule d'honneur avec les cornes de buffle que vous m'avez données. La hache fatale à Touala le roi, est placée au-dessus de ma table à écrire. Il ne manque que la cotte de mailles ! Dommage ! Mais il manque toujours quelque chose en ce monde

« H. C. »

C'est aujourd'hui mardi. Le paquebot part vendredi. Je prends sir Henry au mot. Je m'embarque vendredi. J'ai besoin de revoir mon fils. D'ailleurs, il me faut faire mettre cette histoire sous presse. La tâche est délicate. Je n'oserais en charger personne ; je ne me fie qu'à moi-même.

SUITE

DES

MINES DU ROI SALOMON

ALLAN QUATERMAIN

Les curieux qui ont accompagné ces aventuriers hardis, sir Henry Curtis, le capitaine Good et Allan Quatermain jusque dans la chambre du trésor de Salomon, désirent sans doute savoir ce qu'il advint du trio, une fois rentré en Angleterre. Après avoir savouré les émotions des grands voyages, on ne se reprend pas sans effort au calme et à la monotonie du *home*; bien que le livre se termine sur un retour général en Europe, nous devinions, en le fermant, qu'une nouvelle expédition se préparait et que l'auteur, alléché par un premier succès, ne tarderait pas à nous la raconter. Effectivement *Allan Quatermain*, en deux volumes, a suivi les *Mines de Salomon;* il eût été, lui aussi, traduit dans notre langue, sans le tort qu'a eu M. Rider Haggard de donner dans ce récit, plein de verve et de mouvement, un rôle tout à fait ridicule et souvent presque odieux au Français qu'il nomme Alphonse.

Le portrait est d'une malveillance gratuite, et en outre il n'est pas juste; on a pu reprocher à quelques-uns de nos compatriotes la frivolité, la vantardise, de même qu'on peut reprocher à certains Anglais l'hypocrisie, l'étroitesse d'esprit et une morgue antipathique; mais on chercherait en vain à faire accroire que la lâcheté compte parmi les traits de notre caractère national. Ce Français poltron qui s'est malencontreusement glissé parmi les personnages d'*Allan Quatermain* nuit beaucoup au roman, inférieur du reste à celui qui l'a précédé, mais encore d'un très vif intérêt. L'analyse et les quelques extraits qui suivent permettront d'en juger et donneront envie à ceux de nos lecteurs qui savent l'anglais, de faire connaissance avec l'ouvrage original... malgré Alphonse.

I

Le vieux chasseur d'éléphants, Allan Quatermain, a eu la douleur de perdre son fils unique, Harry, le jeune docteur, mort comme un héros, à sa manière, sur le champ de bataille de l'hôpital, en soignant les varioleux pendant une épidémie. Un inconsolable désespoir le ramène dans les solitudes où il a passé, en somme, le temps le plus heureux de sa vie. La civilisation lui est à charge, il veut retourner vers la nature, abandonner pour cela les maisons de pierre où il étouffe, il veut reprendre son fusil accroché à un clou, ce fusil qui a tué tant de bêtes fauves, et, après s'être mesuré encore avec ses anciens adversaires, mourir à la belle étoile. Ses amis, Curtis et Good ne le laissent pas partir seul.

Le premier s'ennuie de jouer au gentilhomme campagnard dans sa province, il est las de tuer des faisans et des perdrix; il rêve d'exploits grandioses et l'année qu'il a passée dans le Kakuanaland lui semble plus intéressante, lorsqu'il y songe, que toutes les autres années de sa vie mises ensemble. Il accompagnera donc Quatermain. Pourquoi pas, puisqu'il n'a ni femme ni enfant pour le retenir? Et si quelque accident arrive, eh bien, son frère qui est marié, héritera de la fortune des Curtis.

Good a aussi ses raisons pour retourner en Afrique, courir les aventures, ou plutôt il n'en a qu'une, mais elle est excellente : il engraisse ridiculement. L'oisiveté, la bonne chère en sont cause; il prétend essayer d'un autre régime.

Mais l'Afrique est grande. Où iront-ils cette fois?

« Avez-vous entendu parler du mont Kenia? demande Quatermain.

— Jamais, répond Good.

— Vous connaissez peut-être de nom l'île de Lamu?

— Pas davantage. Attendez, n'est-ce pas un endroit à trois cents milles environ au nord de Zanzibar?

— Tout juste! Eh bien! ce que je vous propose est ceci : nous irons à Lamu, de là nous ferons deux cent cinquante milles environ dans les terres jusqu'au mont Kenia; du mont Kenia jusqu'au mont Lekakisera, toujours dans les terres, encore deux cents milles;

au delà de ce point aucun homme blanc ne s'est jamais hasardé ; alors nous abordons l'intérieur inconnu. Qu'en dites-vous, mes camarades ?

— Je dis, répond sir Henry Curtis en réfléchissant, que c'est une grosse affaire.

— Sans doute, mais n'est-ce pas ce que nous demandons tous ? Il nous faut du changement, un changement complet ; et, croyez-moi, nous trouverons là-bas des choses nouvelles. J'ai entendu parler vaguement autrefois d'une grande race blanche qui habite quelque part dans cette direction ; nous saurons ce qu'il en est ; du moins je le saurai, car si vous hésitez à venir avec moi, j'irai tout seul.

— Très bien, je suis votre homme, dit sir Henry Curtis, quoique je ne croie pas à la prétendue race blanche.

— Je vais donc pouvoir maigrir, ajoute Good, son lorgnon dans l'œil. Bravo ! Allons au mont Kenia et dans cet autre endroit dont je ne peux prononcer le nom, à la recherche d'une race blanche qui n'existe pas. Cela m'est égal pourvu que je perde ma graisse. Quand partons-nous ?

— Dans un mois, par le bateau de l'Inde, répond Quatermain, et ne soyez pas si prompt à déclarer que les choses n'existent pas parce que vous n'en avez jamais entendu parler. Rappelez-vous les mines du roi Salomon. »

C'est ainsi que commence le nouveau voyage dont la première étape est à Lamu, remarquable surtout par son extraordinaire saleté. Dans le banc de boue qu'on appelle la plage et où s'entassent toutes les immondices de la ville, les femmes indigènes enfouissent des noix de coco et les laissent pourrir avant de se servir des fibres pour en faire des hottes et d'autres objets. Comme ce procédé est en vigueur depuis de longues générations, on imagine sans peine l'état de ladite plage.

Par une belle nuit étoilée, Curtis, Good et Quatermain racontent leurs projets au consul d'Angleterre, tout en respirant les fétides émanations qui favorisent à Lamu le développement de la fièvre.

« J'ai quelques renseignements en effet sur cette fameuse race blanche, dit le consul, oh! bien peu de chose... Il y a un an ou deux, le missionnaire écossais Mackenzie, qui habite sur le dernier point navigable en haut de la rivière Tana, m'a écrit qu'un homme était venu tomber chez lui presque expirant, un malheureux qui déclarait que deux mois de voyage au delà du mont Lekakisera l'avaient conduit au bord d'un lac, et qu'ensuite il était allé au nord-est, un mois à travers le désert, le veldt et les montagnes jusqu'à certain pays dont la population était blanche... Qu'y a-t-il de vrai dans tout cela? Nous le demanderons à Mackenzie.

— Nous irons certainement causer avec lui, dit Quatermain.

— Et vous ne pouvez mieux faire, répond le consul; seulement, vous vous exposez à de grands risques, car j'entends dire que les Masai rôdent autour de la mission et ce sont des particuliers désagréables à rencontrer. »

D'après l'avis du consul, les voyageurs louent une demi-douzaine de soldats wakwafi, arrivés récemment dans la ville avec un explorateur anglais qui depuis est mort de la fièvre. Ces Wakwafi sont des métis sortis d'un croisement entre Masai et Wataveta; ils représentent une forte race guerrière; le meneur parmi eux est un Zoulou de pur sang du nom d'Umslopogaas, qu'Allan Quatermain se trouve connaître, ayant eu l'occasion de chasser autrefois avec lui dans son pays, d'où l'ont fait partir des malheurs de famille. Trahi par une de ses femmes, il a échappé au piège qui lui était tendu; il a tué la nouvelle Dalila, grâce à la hache qu'il porte toujours et qu'il a nommée Inkosi-kaas. Cette hache, qui a déjà fait rouler bien des têtes, doit, pense-t-il, tout proscrit qu'il soit, lui ouvrir un nouveau chemin vers la fortune; Umslopogaas est un guerrier entre les guerriers; d'innombrables cicatrices couvrent ses bras et sa poitrine d'une sorte de tatouage sinistre; parfois une fièvre sanguinaire le saisit; même dans le Zoulouland, où tous les hommes sont braves, on l'a surnommé le Massacreur.

Allan Quatermain pense qu'Inkosi-kaas et son propriétaire pourront se rendre utiles à l'occasion; il les enrôle donc, mais en déclarant qu'on ne se battra qu'en cas d'attaque, pour se défendre, et la petite caravane ayant quitté Lamu, se dirige sur Charra, après avoir rencontré sur son passage une ville en ruines, qui, comme beaucoup d'autres sur la même côte, fut jadis une cité importante et riche, remontant à l'Ancien Testament.

Dès l'arrivée à Charra, les indigènes, loués pour porter les bagages d'un village à l'autre, essayent d'extorquer double salaire, et, voyant leurs prétentions repoussées, menacent d'exciter les Masai contre la petite troupe, après quoi ils se sauvent la nuit avec tout ce qu'ils peuvent voler. Le peu qui reste n'est pas cependant d'un transport facile. L'idée vient aux voyageurs, puisque Charra est sur la Tana, de se procurer des canots pour remonter cette rivière jusqu'à la station du missionnaire qu'ils vont chercher. Ces canots très légers sont creusés dans des troncs d'arbres et peuvent contenir chacun six personnes avec leurs provisions. Good, en sa qualité d'officier de marine, prend le commandement de la flotte, composée de deux esquifs, qui le soir touchent terre, afin de permettre aux navigateurs de tuer sur la rive une girafe, une antilope ou quelque autre gibier et de dormir, après souper, le plus loin possible des moustiques d'eau.

Le troisième jour, tandis qu'ils préparent leur campement pour la nuit, un homme leur apparaît qui les guette sur un monticule voisin, un *elmoran*, ou jeune guerrier de la tribu redoutée des Masai. Les soldats wakwafi poussent un cri d'alarme, et il y a de quoi, car jamais démon ne fut plus effrayant que cet être de taille presque gigantesque, portant d'une main sa longue lance acérée, de l'autre le bouclier de peau de buffle et, sur les épaules, une cape de plumes de faucon. Un *naibere*, une étroite écharpe de coton, s'enroule à son cou, la robe de peau de chèvre tannée, vêtement ordinaire en temps de paix, est attachée autour de ses reins comme une ceinture, retenant un sabre très court dans son fourreau de bois et un énorme casse-tête. Sur sa tête une coiffure étrange de plumes d'autruches décrit une ellipse qui encadre complètement le visage, de sorte que cette physionomie est véritablement diabolique. Autour des chevilles est attachée une frange de cheveux noirs; des cheveux aussi, les beaux cheveux ondoyants du singe Colobus flottent aux longs éperons, pareils à des piques, qu'il porte en haut des mollets. Telle est la toilette compliquée d'un *elmoran* masaï. Sans doute le porteur de bagages a tenu parole; il a dénoncé le passage des étrangers.

Dans de pareilles conditions, il ne serait pas prudent de coucher sur la rive; les trois amis et leur escorte retournent vers les canots, qu'ils mettent à l'ancre au milieu de la rivière. Là, tous s'endorment bientôt, sauf Quatermain, que les moustiques tiennent éveillé et qui fume sa pipe en admirant un clair de lune incomparable. Le bord de la rivière reste sombre cependant, le vent y gémit d'une façon lugubre; mais, à peu de distance, sur la gauche, il y a une petite baie sablonneuse et découverte où viennent s'abreuver successivement un troupeau inoffensif d'antilopes et sa féroce majesté le lion. Puis un hippopotame plonge avec fracas à deux reprises, puis enfin quelque chose de plus inquiétant se produit. Une main maigre et noire s'est accrochée au rebord du bateau où veille le vieux chasseur, une figure humaine semble émerger de l'eau, soudain une lame brille au clair de la lune et le sang du Wakwafi, qui dort auprès d'Allan Quatermain jaillit tout chaud sur ce dernier. Il ne s'agit pas d'un cauchemar, c'est bel et bien une attaque de nageurs masaï.

Saisissant la hache de bataille d'Umslopogaas, Quatermain frappe dans la direction où il a vu luire le couteau et la main encore armée est tranchée net au-dessus du poignet. Celui à qui elle appartient ne jette pas un cri; il disparaît comme une ombre, laissant derrière lui sa main sanglante. Les cordes qui retenaient le bateau à l'ancre ont été coupées; un instant de plus et il s'en irait en dérive, poussé par le courant vers le bord où les Masaï ont préparé leur embuscade.

Ce n'est pas chose facile que de remonter ce courant dans l'obscurité. Néanmoins les deux canots séparés parviennent à se rejoindre, sont de nouveau attachés l'un à l'autre et, dès l'aube, on jette à l'eau le cadavre du malheureux Wakwafi, avec la petite main meurtrière, noire et menue, dont on ne garde que le sabre à manche d'ivoire incrusté d'or, d'un beau travail arabe.

Une pluie torrentielle pour comble de malheur abat le vent qui avait gonflé jusque-là les voiles improvisées par les soins de Good; il faut s'épuiser à ramer tout le jour et se laisser tremper jusqu'aux os pendant la nuit suivante. Cette pluie est du reste la plus efficace des protections contre une nouvelle attaque des Masaï. Si habiles à plonger, ils craignent l'eau de ciel; en général, les intempéries ont vite fait de paralyser tous ces sauvages d'Afrique. Umslopogaas lui-même n'y résisterait pas longtemps. Par bonheur, le soleil se remet à briller et presque en même temps apparaît, dans une situation splendide sur la montagne, une solide maison européenne entourée de hauts murs que borde un fossé.

Trois personnes, un monsieur, une dame et une petite fille, d'allure très britannique, viennent à la rencontre du bateau, et, avec un accent écossais prononcé, M. Mackenzie, le missionnaire, souhaite la bienvenue aux hôtes que le destin lui envoie. Sa femme, gracieuse et distinguée, est ravie de l'occasion de voir des visages blancs; les présentations d'usage suivent leur cours, puis on se dirige vers la mission, Good faisant observer que ce qu'il a vu de plus extraordinaire encore dans son voyage aventureux, c'est la brusque apparition des mœurs civilisées au milieu de ces sauvages solitudes.

En effet, la colline, fortifiée à la base par des palissades de cognassiers et par des amoncellements de pierres, est couverte, sur ses pentes, de jardins bien cultivés où s'étagent des huttes en forme de champignon, qu'habitent les paroissiens indigènes de M. Mackenzie; mais, au milieu de ces potagers cafres remplis de maïs, de courges et de pommes de terre, passe une belle route bordée d'orangers, escaladant une montée rapide d'un quart de mille environ, et là se trouve, derrière une nouvelle clôture de cognassiers chargés de fruits, la propriété particulière de M. Mackenzie, plusieurs acres de jardin entourant sa maison et l'église. On reconnaît presque tous les arbres fruitiers d'Europe, greffés avec soin; le climat est si tempéré sur ces plateaux que les légumes et les fleurs d'Angleterre y croissent volontiers. Plusieurs espèces de pommiers, qui, règle générale, refusent de porter des fruits dans les pays chauds, se sont même laissé acclimater. Et quelles fraises, quelles tomates, quels melons ! Le jardin est vraiment magnifique.

« J'y ai bien travaillé, dit le missionnaire ; mais c'est à ce beau ciel que je dois être reconnaissant. Mettez un noyau en terre, il vous donnera des pêches dès la quatrième année ; une bouture de rosier fleurit en un an, ainsi de suite. »

Un fossé de dix pieds de large et plein d'eau, de l'autre côté duquel se trouve un mur hérissé de cailloux aigus, est de toutes ses œuvres, celle dont M. Mackenzie se montre le plus fier. Il lui a fallu deux ans pour l'exécuter avec l'aide de vingt hommes. Jusque-là il ne s'est pas senti en sûreté, mais maintenant il peut défier, dit-il, tous les sauvages de l'Afrique, car la source qui remplit le fossé est en dedans du mur et bouillonne au sommet de la colline, été comme hiver.

« J'ai d'ailleurs des provisions pour quatre mois dans la maison. Nous soutiendrions donc très bien un siège. »

A son tour, Mme Mackenzie fait les honneurs de son domaine, le parterre, rempli de roses, de gardénias, de camélias venus d'Angleterre. Une plate-bande est consacrée aux superbes plantes bulbeuses du pays, collectionnées par la petite Flossie, fille du missionnaire.

Le milieu du jardin est occupé par une fontaine ; elle

jaillit de terre et tombe dans le bassin construit pour recevoir les eaux, qui, en débordant, sont conduites par des canaux dans les jardins inférieurs qu'elles irriguent. Tout cela est fait avec beaucoup de soin, et même avec goût. La maison elle-même, élevée d'un seul étage et couverte en tablettes de pierre, est décorée d'une véranda; les bâtiments qui la composent décrivent un carré au centre duquel se dresse un arbre énorme du genre conifère, dont de nombreuses variétés poussent sur les hautes terres de cette partie de l'Afrique. Cet arbre, qui se dresse bien à trois cents pieds au-dessus du sol, sert de point de reconnaissance à la ronde et de tour d'observation à M. Mackenzie, qui a fixé une échelle de corde aux branches inférieures. S'il veut voir ce qui se passe sur une étendue de quinze milles, rien n'est plus aisé que de monter à ce poste de vigie avec une lunette d'approche.

Mais le bon missionnaire juge avec raison que ses hôtes sont plus pressés de dîner que de faire connaissance avec les curiosités de son établissement. A table, il écoute le récit de leurs aventures et les met au courant de ce qu'ils peuvent avoir à craindre.

« Évidemment les Masaï se sont lancés à votre poursuite, leur dit-il. Je ne crois pas qu'ils osent vous attaquer ici; je regrette cependant que presque tous mes hommes soient en ce moment descendus vers la côte avec de l'ivoire et des marchandises. Ils sont partis deux cents, de sorte que je n'en ai pas plus de vingt qui puissent prendre les armes en cas d'attaque. N'importe, je vais donner quelques ordres par mesure de précaution.

— Plutôt que d'amener un péril sur cette maison, nous continuerons notre route à tout risque, dit le vieux Quatermain.

— Jamais je ne souffrirai cela, déclare énergiquement M. Mackenzie. Si les Masai viennent, ils viendront; nous les recevrons comme il faut! Que le ciel me préserve d'abandonner un hôte quel qu'il soit!

— Cela me fait penser, dit Quatermain, que le consul anglais à Lamu nous a dit que vous lui aviez annoncé autrefois l'arrivée d'un homme qui prétendait avoir rencontré dans l'intérieur une population blanche. J'ai, de mon côté, recueilli de la bouche de certains indigènes descendus de l'extrême nord, des rumeurs qui s'accorderaient avec ce dire. Croyez-vous qu'il ait le moindre fondement? »

Pour toute réponse, M. Mackenzie va chercher un sabre curieux, très long, et dont la lame épaisse est magnifiquement travaillée, avec des incrustations d'or soudées dans les ciselures de l'acier par un procédé impossible à saisir.

« Avez-vous jamais vu aucun sabre pareil? » demande M. Mackenzie.

Tous, d'un commun accord, secouent la tête négativement.

« Eh bien! l'homme qui me l'a laissé est le même qui prétendait avoir rencontré une peuplade blanche. Ce gage donne un air de vérité à son récit. Le malheureux est mort ici. A l'en croire, il appartenait à une tribu du nord qui, détruite en grande partie par une autre tribu, s'était laissée chasser encore plus au nord, par delà un lac qu'il appelait Laga. Ensuite il avait gagné un nouveau lac, sans fond, disait-il. Repoussé à cause d'une maladie contagieuse, la petite vérole, je suppose, par les habitants des villages voisins, ce pauvre diable avait erré pendant dix jours dans la montagne; après quoi il s'égara dans une épaisse forêt d'épines et y fit la rencontre de quelques hommes blancs qui chassaient et qui l'emmenèrent dans un lieu où tout le monde était blanc et vivait dans des maisons de pierre. Il resta une semaine enfermé dans une de ces maisons, jusqu'à ce qu'un soir, un homme à barbe blanche, un médecin, sans doute, étant venu l'examiner, il fut reconduit à travers la forêt, dans le désert, où on le laissa après lui avoir donné un sabre et de la nourriture. Peu à peu il poussa son chemin vers le sud en vivant de racines et de tout ce qu'il pouvait tuer ou attraper.

— Eh bien! dit Quatermain, nous tâcherons de suivre la même route, car c'est notre intention de nous rendre aux lacs par Lekakisera.

— Vous êtes des gens hardis, » dit en souriant le missionnaire. — Et on parle d'autre chose.

II

Après le dîner, M. Mackenzie promène partout ses nouveaux amis, en leur faisant admirer les détails d'un établissement supérieur à tout ce qu'ils ont rencontré de semblable jusque-là en Afrique. Quatermain, plus fatigué que les autres, vu son âge et le souvenir que garde sa jambe droite de sa lutte contre un lion, va s'asseoir sous la véranda, où Umslopogaas est en train de nettoyer à fond les fusils. C'est le seul ouvrage manuel dont il s'acquitte jamais, en sa qualité de chef zoulou.

Il a donné un nom à chaque fusil; celui de sir Henry Curtis s'appelle Tonnerre; un autre à la détonation particulièrement aiguë, est « le petit qui claque comme un fouet », les carabines à double détente sont « les femmes qui parlent si vite qu'on ne reconnaît pas une parole d'une autre », ainsi de suite. Quatermain lui demande pourquoi il a nommé sa hache *Inkosikaas*, c'est-à-dire femme-chef. Il répond que cette hache est certes féminine, ayant l'habitude de s'immiscer adroitement au fond des choses et qu'il n'y a pas à douter de sa puissance puisque tous tombent devant elle. Umslopogaas reconnaît qu'il consulte cette amie intime dans toutes les difficultés, ne doutant pas qu'elle ne soit sage puisqu'elle a pénétré dans tant de cerveaux. L'arme est d'aspect formidable, de l'espèce des haches d'armes, avec un manche en corne de rhinocéros, massif et flexible à la fois; des encoches y sont marquées, chacune d'elles représentant une des victimes de la hache. Le tranchant aiguisé comme un rasoir ne sert qu'à porter de grands coups circulaires, car d'habitude Umslopogaas attaque avec la pointe, dont il perce proprement le crâne de son adversaire; de là son second surnom de *Pivert.*

Le pivert ne quitte jamais son terrible bec; jour et nuit il l'a sinon à la main, du moins sous sa jambe.

Après un entretien belliqueux avec le Zoulou et sa chère Inkosi-kaas, Allain Quatermain trouve un charme très doux à la conversation de miss Flossie qui vient le prendre par la main pour aller admirer ses fleurs. Il lui demande si elle a jamais vu le fameux lys de Goya dont parlent avec admiration ceux des explorateurs de l'Afrique centrale qui ont eu la bonne chance de le rencontrer. Il ne fleurit qu'une fois tous les dix ans; de la tige épaisse et grasse jaillit une coupe énorme de la plus éblouissante blancheur, qui renferme une autre corolle de velours cramoisi ayant au cœur un pistil d'or. Le parfum de ce lys ne le cède en rien à sa beauté. Flossie reconnaît la description :

« Oh! j'en ai vu, dit-elle, mais je n'en possède pas dans mon jardin; cependant, comme c'est la saison, je crois que je pourrai vous en procurer un échantillon.

« Tout le monde ici, ajoute-t-elle, est disposé à me faire plaisir.

— Ainsi, demande Quatermain, vous ne vous ennuyez pas, vous ne vous sentez jamais un peu seule?

— Seule?... Mais je ne le suis pas! J'ai des compagnes. Cela me déplairait beaucoup de vivre au milieu de petites filles blanches, mes pareilles; ici je suis moi; tous les indigènes connaissent le *lys d'eau*, c'est le nom qu'ils me donnent. Et en Angleterre je ne serais pas libre comme je le suis!

— Ne seriez-vous pas bien aise d'apprendre?

— Mais j'apprends ! Papa m'enseigne le français, avec un peu de latin et l'arithmétique.

— Et vous n'avez pas peur de ces sauvages ?

— Pas du tout. Ils croient que je suis *Ngai*, une espèce de divinité, parce que je suis blanche et blonde. Et puis regardez… — Plongeant la main dans son corsage, elle en tire un petit pistolet à deux coups. — Si quelqu'un me touchait, j'aurais vite fait de le tuer. Une fois j'ai tué un léopard qui avait sauté sur mon âne tandis que je me promenais… Oh ! j'ai eu peur !… Mais j'ai tiré dans son oreille et il est tombé ; sa peau est sur mon lit… Tenez,… je vous ai dit que j'avais des amies : en voilà une, la plus belle de toutes, c'est la montagne. »

Le mont Kenia jusqu'alors caché dans le brouillard dévoile au moment même sa partie supérieure, apparaissant comme une vision féerique entre ciel et terre, car on la dirait posée sur des nuages. La solennelle splendeur de ce pic blanc élancé a inspiré aux indigènes de la mission un nom caractéristique : ils l'appellent *le doigt de Dieu*. Tandis que devant les neiges amoncelées qui semblent escalader l'azur, le vieux chasseur et sa petite amie adorent silencieusement l'auteur de tant de merveilles, les espions envoyés pour découvrir la trace des Masaï reviennent avec des nouvelles excellentes ; ils ont battu le pays sans rien rencontrer.

On ne se rassure, hélas, que trop vite et trop complètement !

Le lendemain matin, Flossie ne paraît pas au déjeuner; Mme Mackenzie l'excuse et montre un petit billet d'elle qu'en se levant elle a trouvé, glissé sous la porte de sa chambre :

« Chère maman, il commence à faire jour et je vais
« à la recherche du lys dont M. Quatermain a envie
« pour son herbier. Je monte l'âne blanc; ma bonne et
« deux de nos hommes m'accompagnent; nous em-
« portons de quoi manger, car je serai peut-être
« absente toute la journée. Je veux le lys, je ferai vingt
« milles pour le trouver, s'il le faut.

« Votre Flossie. »

— Quelle indépendance! s'écrie Quatermain en riant. Mais, reprend-il avec une soudaine inquiétude, je regrette qu'elle prenne tant de peine pour moi. Je n'avais jamais pensé qu'elle irait elle-même chercher cette fleur.

— Oh! Flossie sait se conduire et se garder, dit la mère; c'est un enfant du désert, elle fait souvent de ces escapades. »

M. Mackenzie cependant relit le billet d'un air soucieux sans dire un mot et son silence persiste durant tout le déjeuner.

« Je crois que mon mari est mécontent, dit la mère de Flossie à l'oreille de Quatermain; il est d'avis sans doute, que je devrais commencer à tenir notre fille d'une main plus ferme. Mais il est difficile de changer de méthode tout à coup, de rogner les ailes au petit oiseau!

— Dieu merci, pense Quatermain, elle ne soupçonne

pas la cause du tourment de ce pauvre homme! »

Le repas terminé, il s'approche de M. Mackenzie et lui demande s'il ne serait pas opportun d'envoyer une petite troupe armée du côté où a pu se diriger la jeune fille, pour le cas où quelque Masaï rôderait dans la campagne.

« A quoi bon? répond tristement le père. Elle peut être maintenant à quinze milles d'ici et il est impossible de deviner le sentier qu'elle a pris pour gagner les collines que vous voyez là-bas. »

Et il indique une longue ligne de coteaux presque parallèles au lit de la rivière Tana, mais qui graduellement s'abaissent vers une plaine couverte d'épais fourrés à cinq milles environ de la maison.

Il envoie cependant quelques hommes avec ordre de ramener Flossie, puis monte à son observatoire du grand pin et braque indéfiniment sa longue-vue sur la plaine; mais de tous côtés les bois ou les fourrés roulent leurs immenses vagues, interrompues seulement çà et là par quelques taches de culture ou par la surface brillante des lacs. Au nord-ouest, le Kenia dresse sa tête imposante et la rivière Tana, débouchant presque à ses pieds, court sinueuse comme un serpent argenté, bien loin, vers l'Océan. Aucun signe d'ailleurs de Flossie ni de son âne. Le pauvre père ne descend que pour interroger les hommes qui, expédiés à la recherche de Flossie, reviennent au rapport: ils disent qu'ils ont suivi la trace de l'âne pendant une couple de milles, puis qu'ils l'ont perdue sur le terrain caillouteux, et n'ont pu réussir ensuite à la retrouver;

ils ont battu le pays ensuite au hasard et de leur mieux, mais sans succès.

L'après-midi se passe, lugubre, à réconforter Mme Mackenzie qui, voyant que les heures s'écoulent sans lui rendre sa fille, passe de la confiance à l'angoisse, est saisie des plus noirs pressentiments et finit par perdre la tête. En vain essaye-t-on de tout ce qui est possible; des messagers partent de divers côtés, des coups de feu sont tirés, toujours en vain; la nuit venue, on attend encore la pauvre petite Flossie.

Bien entendu ses malheureux parents ne paraissent point au repas du soir. Les trois voyageurs sont navrés d'être la cause involontaire de tant de souci; Quatermain surtout ne se console pas d'avoir jamais parlé du lys Goya. Il lui est impossible de souper; il sort sur la véranda et y reste abîmé dans de douloureuses réflexions. Tout à coup il lui semble entendre une des portes du jardin s'ouvrir doucement; il écoute, mais, le bruit ayant cessé, conclut qu'il a dû se tromper; la nuit est sombre. Bientôt une sorte de boule tombe lourdement sur les dalles de la véranda et vient rouler à ses pieds.

Quelque animal sans doute? Il se penche, étend les mains; la chose ne bouge pas. Non, ce n'est point un animal, et cependant c'est quelque chose de chaud et de doux au toucher. Vivement Quatermain soulève l'objet, quel qu'il soit, et le regarde de près à la faible clarté qui tombe des étoiles : c'est une tête humaine fraîchement coupée!

Malgré tout son sang-froid professionnel, le vieux

chasseur se sent défaillir. Quelle est cette tête ? Comment est-elle venue ? Il n'entend et ne voit rien ; s'engager dans l'obscurité serait risquer sa vie ; il rentre, ferme à clef la porte de la maison et appelle Curtis pour lui montrer son horrible trouvaille.

Curtis accourt, mais accompagné de M. Mackenzie. Celui-ci tient une lumière à la main ; effaré, il la dirige vers la tête coupée : « C'est, dit-il d'une voix tremblante en s'appuyant au mur, la tête d'un des indigènes qui accompagnaient Flossie ! Dieu merci, ce n'est pas la sienne ! »

Au moment même on frappe à la porte verrouillée : « Ouvrez, mon père, ouvrez ! » Et un homme effaré, l'un de ceux qu'on avait envoyés en reconnaissance, se précipite dans le vestibule.

« Père, les Masai sont sur nous ! Ils ont tourné la colline en grand nombre et se dirigent vers le vieux kraal, près du ruisseau. Père ! parmi eux j'ai vu l'âne blanc et sur l'âne le *lys d'eau*, et un *elmoran* conduisait l'âne, et à côté marchait la nourrice tout en larmes. Je n'ai pas vu les autres qui l'accompagnaient ce matin.

— L'enfant était-elle vivante ? demande M. Mackenzie d'une voix rauque.

— Elle se tenait ferme, mon père ; mais elle était blanche comme la neige. Je l'ai vue comme je vous vois, car ils ont passé tout près de l'endroit où je me cachais.

— Que Dieu ait pitié d'elle et de nous, murmure M. Mackenzie.

Puis, reprenant son interrogatoire :

— Combien étaient-ils ?

— Plus de deux cent cinquante. »

Curtis, Good et Quatermain se regardent consternés. Que faire contre une telle force ? Au moment même, des cris bruyants éclatent derrière le mur.

« Homme blanc, homme blanc, un héraut vient te parler. »

Umslopogaas qui est accouru, marche droit au mur, se hisse au-dessus de la crête et regarde.

« Je ne vois qu'un homme, dit-il, un homme armé, qui porte un panier à la main.

— Ouvrez ! ordonne Quatermain. Et toi, Umslopogaas, prends ta hache et tiens-toi prêt. Laisse passer l'homme ; si un autre le suit, tue... »

La porte s'ouvre. Dans l'ombre du mur se tient le terrible Zoulou, la hache dressée au-dessus de sa tête pour frapper. Alors, sous la lune qui se lève, faisant étinceler la grande lance qu'il porte, entre un *elmoran* masai, en tenue de guerre, un panier à la main. L'homme est superbe, il mesure près de six pieds de haut. Arrivé en face de M. Mackenzie, il pose son panier par terre.

« Causons, dit-il dans sa langue. Le premier messager que nous t'avons envoyé ne pouvait pas parler ; — il montre d'un geste la tête coupée — mais j'ai des paroles pour toi si tu as des oreilles qui veulent entendre et je t'apporte des cadeaux en outre. »

Il désigne le panier avec un rire dédaigneux dont on ne peut s'empêcher d'admirer l'insouciance, en considérant que cet étrange parlementaire est seul, environné d'ennemis.

« Continue, lui dit M. Mackenzie.

— Je suis le *lygonani* (le capitaine) d'une partie des Masaï de la Guasa Amboni. Moi et mes hommes nous avons suivi ces trois blancs que voilà, mais ils nous ont échappé. Nous leur en voulons et nous comptons les tuer.

— Vraiment, mon ami? dit Quatermain, sardonique.

— Tout en guettant ces étrangers, poursuit le Masaï, nous avons attrapé ce matin trois noirs, deux hommes et une femme, un âne blanc et une petite fille blanche. Nous avons tué l'un des hommes et vous avez reçu sa tête, l'autre s'est sauvé. La femme noire, la petite fille blanche et l'âne blanc sont avec nous. La preuve, c'est que j'apporte le panier que portait ton enfant,... car c'est ton enfant, n'est-ce pas? »

M. Mackenzie, hors d'état de répondre, fait un signe affirmatif.

« Eh bien, nous ne lui en voulons pas, ni à toi non plus ; avec vous nous n'avons pas de querelle. Nous vous avons seulement pris deux cent quarante têtes de bétail, une pour le père de chacun de nous [1]. »

Si inquiet qu'il soit sur le compte de Flossie, le missionnaire éleveur ne peut retenir un soupir de regret pour le troupeau qu'il a nourri avec tant de soin.

« Quant à prendre cette place, la chose ne serait pas facile, ajoute franchement le Masaï, avec un coup d'œil

[1]. Les *elmorans* ou jeunes guerriers masaï ne peuvent rien posséder en propre, de sorte que tout le butin qu'ils gagnent dans les combats appartient à leurs parents.

aux murailles; nous t'y laisserons tranquille; mais pour ce qui est de ces trois hommes, c'est différent. Nous les traquons depuis des jours et des nuits. Si nous rentrions à notre kraal sans leurs têtes, les femmes se moqueraient de nous. Il faut qu'ils meurent. Cependant j'ai une proposition à te communiquer. Nous ne voudrions pas faire de mal à ta fille. Donne-nous un de ces trois hommes; vie contre vie, et nous la laisserons repartir avec la femme noire. Nous n'en demandons qu'un, nous saurons bien ailleurs retrouver les deux autres. Je ne choisirai même pas, quoique pour mon goût, je préfère le grand, dit-il en montrant sir Henry. Il est fort et mettrait plus de temps à mourir.

— Et si je dis non? demande M. Mackenzie.

— Prends garde avant de répondre, homme blanc. Ta fille dans ce cas-là mourrait à l'aube et la femme qui est avec elle dit que tu n'as pas d'autre enfant. Si elle était plus âgée, je la prendrais pour servante, mais elle est trop jeune... Je la tuerai donc de ma main... oui, avec cette lance. Tu pourras venir voir, si tu veux. Je te donnerai un sauf-conduit. »

Et le démon éclate de rire.

« Acceptez son offre, Mackenzie, dit le vieux Quatermain. Le sens commun et la justice veulent qu'une carrière bien près de finir, comme la mienne, soit sacrifiée à une jeune existence. J'irai remplacer Flossie. Je stipule seulement qu'on ne me mettra à mort qu'après qu'elle sera rentrée ici saine et sauve.

— Non! s'écrie M. Mackenzie. Je n'aurai pas sur les mains le sang d'un de mes semblables. S'il plaît à Dieu que ma fille périsse de cette horrible mort, que sa volonté soit faite. Vous êtes un noble cœur, M. Quatermain, mais je ne vous laisserai pas partir.

— J'irai, s'il n'y a pas d'autre moyen, réplique Quatermain en s'entêtant.

— L'affaire est importante et mérite qu'on y songe, dit le missionnaire au *lygonani*, avec une héroïque affectation de sang-froid. Vous aurez notre réponse à l'aurore.

— Très bien, répond le sauvage d'un air d'indifférence; rappelle-toi seulement que, si la réponse arrive trop tard, ta petite fleur blanche ne sera jamais qu'un bouton. Je te soupçonnerais de vouloir nous attaquer cette nuit, si nous ne savions que tous tes hommes sont à la côte et que tu n'en as ici qu'une vingtaine. Ce n'est pas sage de tenir une si petite garnison dans ton kraal. Bonne nuit, hommes blancs dont j'aurai bientôt fait de fermer les yeux pour toujours.

Puis, se tournant d'un air arrogant vers Umslopogaas qui ne l'a pas quitté du regard pendant toute cette scène :

« Allons! ouvre vite la porte. »

C'en est trop pour la patience du chef zoulou. Plaçant sa longue main fine sur l'épaule de l'*elmoran*, il le force à se retourner vers lui, puis il rapproche sa figure féroce de cette autre figure non moins infernale.

« Me vois-tu? demande-t-il.

— Oui, je te vois.

— Et vois-tu ceci?... Lui mettant Inkosi-kaas à deux pouces du nez.

— Je vois ton joujou. Après?...

— Toi, chien de Masaï, voleur de petites filles, tu le sentiras, ce joujou; il sciera un à un tous tes membres. C'est heureux pour toi d'être un héraut, sans cela je commencerais tout de suite. »

Le Masaï secoue sa grande lance et rit très haut en répondant :

« Je voudrais me mesurer avec toi, homme contre homme; alors nous verrions bien.

— Et nous verrons, sois tranquille, répond Umslopogaas; tu te retrouveras face à face avec Umslopogaas, du sang de Chaka, du peuple de l'Amazula, capitaine dans le régiment de Nkomabakosi et tu salueras Inkosi-kaas, comme tant d'autres l'ont fait avant toi. Oui, tu peux rire, tu peux rire. Demain, les chacals riront aussi en te rongeant les côtes.

Quand le lygonani s'est retiré, Good ouvre le panier de Flossie et y trouve un délicieux échantillon, bulbe et fleur, du lys Goya; cette plante, admirablement fraîche, cache un billet en gros caractères enfantins crayonné sur du papier gras qui a évidemment servi à envelopper des provisions :

« Cher papa, chère maman, les Masaï nous ont
« attrapés comme nous revenions avec le lys. J'ai essayé
« de leur échapper, je n'ai pas pu. Ils ont tué Tom, mais
« ils n'ont fait aucun mal à ma bonne ni à moi; ils disent
« qu'ils veulent nous échanger. Tâchez donc de les
« attaquer plutôt cette nuit. Ils vont se régaler tout à
« l'heure des trois bœufs qu'ils nous ont pris. J'ai
« mon pistolet; si aucun secours ne vient, je m'en ser-
« virai une fois; et vous n'oublierez pas, chers parents,

« votre petite Flossie. J'ai bien peur, mais je prie le
« bon Dieu. Il ne faut pas que j'écrive davantage. On
« commence à me regarder... »

Elle avait ajouté sur le pli : « Amitiés à M. Quater-
« main. Comme les Masai vont emporter le panier, il
« aura le lys. »

Ces derniers mots, écrits par une brave petite fille
à l'heure d'un péril qui eût mis plus d'un homme sens
dessus dessous, arrache au vieux Quatermain la seule
larme qu'il ait versée depuis la mort de son fils. Mais
ce n'est pas l'heure de pleurer, il faut agir.

Avec un fiévreux emportement on discute la situation. Quatermain veut se livrer, Mackenzie repousse
son dévouement, Curtis et Good jurent qu'ils iront
mourir avec lui, les parents ne veulent pas survivre à
leur fille; bref, il est résolu que l'on risquera une
attaque, quitte à se faire tuer tous ensemble.

C'est le guerrier Umslopogaas qui décide le plan de
campagne.

Deux cent cinquante Masai?... Qu'est-ce que cela
pour Inkosi-kaas! M. Mackenzie a vingt hommes, ses
hôtes en ont amené cinq, et il y a quatre hommes
blancs, en tout trente, — c'est bien assez. Que ce
festin des Masai soit leur repas de funérailles. Un peu
avant le lever du jour, on les surprendra dans le vieux
kraal où ils se sont établis. A chacun l'intrépide *Massacreur* distribue sa tâche; le programme qu'il trace est
merveilleux; jamais général n'en improvisa de meilleur:
Good avec dix hommes rampera vers l'une des issues
du kraal et tuera silencieusement la sentinelle. Lui,

Umslopogaas, avec un des Wakwafi, en fera autant pour l'entrée du centre et puis guettera, sa hache à la main, ceux qui sortiront. Les autres combattants, au nombre de seize, sous les ordres de Quatermain et de M. Mackenzie, ouvriront le feu à droite et à gauche de l'enceinte, et alors Good, avec ses hommes, sautant par dessus le mur, attaquera les Masai dans leur sommeil. Ils s'élanceront ahuris vers l'entrée où veillera Inkosi-kaas qui fera promptement leur affaire.

« On n'a pas été pour rien un grand guerrier pendant trente ans », dit modestement le Zoulou, après avoir exposé cette tactique qui réunit tous les suffrages.

III

Il va sans dire qu'à la première apparition d'un Masai, le peuple tout entier de la station a cherché refuge dans les murs d'enceinte : les femmes font le guet, de jeunes garçons vont épier ce qui se passe au camp ennemi, et M. Mackenzie rassemble les vingt hommes valides sur lesquels il compte pour l'aider à enlever son enfant. En quelques mots émus il les met au courant des faits, il rappelle leur affection pour cette petite fille qu'ils ont vu grandir, qui jouait avec leurs enfants, qui aidait sa mère à les soigner dans leurs maladies, qui les aimait.

« Nous mourrons pour la sauver », dit au nom de tous les siens, un indigène.

En les remerciant du fond du cœur, le missionnaire

fait observer que la mort de Flossie serait indubitablement suivie d'une attaque funeste à leurs maisons, à leurs jardins, à leurs familles.

« Je suis, comme vous le savez, un homme de paix, ajoute M. Mackenzie, jamais ma main ne s'est levée contre un de mes frères, mais aujourd'hui je vous dis : Il y va de notre vie et de notre foyer ; frappez donc, au nom de Dieu qui permet qu'on se défende, frappez tant qu'un des vôtres restera debout, fût-il seul contre cette multitude. Celui qui tient entre ses mains la vie et la mort sera certainement avec nous. »

Puis, tombant à genoux par un mouvement que tous imitent, sauf Umslopogaas qui n'a d'autre Dieu que sa hache, le missionnaire prononce une fervente prière, après quoi commence la distribution des armes.

On n'en manque pas à la mission et tous les indigènes convertis au christianisme sont dressés à leur maniement. Les ordres étant donnés une bonne fois d'attaquer de deux côtés les Masai pendant leur sommeil, tandis qu'Umslopogaas, Sir Henry, l'un des Wakwafi et deux autres indigènes occuperont l'issue principale du kraal, il n'y a plus rien à faire que prendre un peu de repos jusqu'au point du jour.

Déjà, il est minuit passé, les espions rapportent que les Masai qui ont bu le sang des bœufs et dévoré une énorme quantité de viande, dorment autour de leurs feux de bivouac. Flossie avec sa nourrice et l'âne blanc est liée au centre du kraal, tous les guerriers couchés autour d'elle. L'enlever, dans de telles conditions, semble à peu près impossible. Mais il ne s'agit plus de peser les chances de succès.

Par bonheur, Curtis, Good et Quatermain trouvent dans leurs caisses des cottes de mailles qu'avant de quitter l'Angleterre ils ont fait fabriquer à Birmingham, se rappelant que dans une première expédition une armure du même genre leur sauva la vie. Ces chemises et des espèces de *passe-montagne* du même tissu métallique destinés à protéger la tête, défient les sagaies et toutes les armes tranchantes en général. Comme Curtis a un équipement de rechange, il persuade à Umslopogaas de s'en laisser revêtir, malgré la répugnance qu'éprouve le sauvage à combattre autrement que « dans sa peau naturelle », et lorsque ces deux géants de couleurs différentes apparaissent armés comme des chevaliers du moyen-âge, on se dit qu'une douzaine d'hommes pourraient craindre de les affronter.

Solennellement, en silence, avec le sentiment du grand péril qu'ils vont courir pour une cause juste, avec la quasi-certitude même de rester dans cette aventureuse tentative, les soldats de la mission et leurs chefs se dirigent vers le kraal où tous les Masaï dorment profondément, sauf les deux sentinelles postées à chaque issue.

C'est Umslopogaas qui ouvre les hostilités, il rampe sous les buissons jusqu'à ce qu'il se trouve à peu de distance de l'une des sentinelles; pendant quelques secondes il regarde le Masaï se promener de long en large, puis, profitant du moment où celui-ci se détourne, il s'élance tel qu'un serpent humain, lui passe ses longues mains maigres autour du cou, l'étrangle et lui casse la colonne vertébrale. Tout cela sans plus de bruit que n'en fait une branche sèche en se rompant. Rien n'empêche désormais sir Henry et Umslopogaas de se planter de chaque côté de la palissade que les Masaï ont encore fortifiée en y ajoutant quatre ou cinq arbres abattus à cet effet; tant mieux puisque l'entrée plus étroite retardera la sortie des troupes qu'il faut exterminer.

L'aube se lève, le mont Kenia enveloppé du silence de ses neiges éternelles commence d'apparaître sous le premier rayon du soleil encore invisible, quand retentit un coup de feu tiré par Good et suivi du plus indescriptible tumulte. Avec un hurlement de fureur, toute la foule des sauvages est aussitôt sur pied, tandis qu'une grêle de mitraille pleut des quatre coins du kraal. Le pauvre âne blanc est atteint en même temps que bon nombre de Masaï. Les autres se précipitent d'un même élan vers l'entrée où veillent sir Henry et le maître de la terrible Inkosi-kaas.

Quatermain regarde, tout en rechargeant son fusil à dix coups, ce que devient Flossie. Sa bonne a coupé la corde qui lui liait les pieds, et maintenant elles essayent ensemble d'escalader le mur du kraal; mais la pauvrette a évidemment les membres raides et endoloris; elle ne grimpe qu'avec lenteur et deux Masaï qui l'ont aperçue tournent contre elle leurs grandes piques. Une balle de Quatermain abat l'un des assassins; malheureusement, il n'a plus de cartouche, et le second est encore là, prêt à frapper; soudain le Masaï porte ses deux mains à sa tête et tombe. Le petit pistolet que la vaillante enfant portait caché dans son corsage a parlé en temps utile. Flossie vient de tirer les deux coups d'une main résolue; l'instant d'après elle est de l'autre côté du mur, en sûreté comparativement.

Quatermain, ayant achevé de recharger son fusil, abat les fuyards qui essayent de s'échapper de la même manière, tandis que la masse des combattants, poussée vers l'issue principale du kraal par les lances des soldats de Good, s'exposent, sans en avoir conscience, au jeu meurtrier des haches maniées par sir Henry et Umslopogaas, se faisant face comme deux cariatides. Chaque cadavre qui tombe dans l'étroit défilé sert à élever la barricade qui s'oppose à la sortie des assiégés.

Les Masai se défendent comme des lions; par un effort suprême, ceux qui survivent franchissent la palissade et les morts amoncelés. La mêlée s'engage dans la plaine ouverte, et c'est alors que les assaillants commencent à perdre des hommes; bientôt ils ne sont plus qu'une quinzaine et il reste au moins cinquante Masai; le sang de sir Henry coule par plusieurs blessures; cet homme de fer lui-même, le Zoulou Umslopogaas, est haletant et presque à bout de forces; pour comble de malheur, M. Mackenzie, dans sa lutte corps à corps avec un *elmoran*, est mis hors de combat. Les choses prendraient une mauvaise tournure, sans l'intervention du hasard qui fait qu'un Masai, ayant frappé Umslopogaas entre les deux épaules, voit sa lance rebondir. Or les armures protectrices sont inconnues dans ces tribus.

« Ils sont sorciers! Ils ont un charme! Ce sont des diables! — Ils portent des armes enchantées! »

Ces mots courent d'une bouche à l'autre, des cris perçants retentissent; pris d'une panique, les Masai fuient de toutes parts en laissant tomber leurs lances et leurs boucliers. La dernière victime d'Inkosi-kaas, c'est le parlementaire de la veille, celui que le terrible Zoulou a nommé « voleur de petites filles ». Il lui jette encore ce nom à la face, en l'abattant d'un grand coup.

Quinze hommes seulement sur trente rentrent à la mission, dont cinq blessés, deux mortellement, et M. Mackenzie sur une civière. Sa femme, qui a passé le temps du combat en prière, accourt à la rencontre des défenseurs de Flossie; elle leur annonce, éperdue de joie et tremblante d'horreur, riant et pleurant, que la pauvre enfant est de retour!

En effet, après que les blessures sont pansées et les vainqueurs un peu réconfortés, Flossie, très pâle et toute chancelante, est introduite et embrasse ses sauveurs à la ronde. On la félicite de la présence d'esprit qu'elle a montrée en tirant le coup de pistolet. Mais alors elle se met à fondre en larmes : « Oh! ne parlez pas de cela! ne parlez pas de cela! Je n'oublierai jamais sa figure quand il a tourné sur lui-même, je le vois encore; c'est affreux d'avoir tué!... »

On l'engage à se coucher, à dormir pour calmer ses nerfs, mais longtemps Flossie se ressentira de ces émotions terribles, de l'interminable angoisse de cette nuit pendant laquelle, assise au milieu des bourreaux qui devaient la torturer le lendemain, elle attendait des secours en se disant que les siens seraient sûrement écrasés par le nombre. Entre elle et le vieil Allan Quatermain, une vive amitié s'est nouée en peu de jours; à l'heure des adieux, elle lui donne une boucle de ses cheveux d'or et il lui remet en échange, avec de bons et sages conseils, un chèque de mille livres sterling qui lui permettra d'acheter un collier de diamants en souvenir de lui quand elle se mariera.

Et maintenant, ayant chargé leurs bagages sur une douzaine d'ânes qu'ils se sont procurés à la mission, les trois aventuriers et leur suite fort réduite continuent à marcher vers Lekakisera, sans se laisser retenir par les instances ni les prières de la famille Mackenzie.

IV

Lekakisera est une montagne très haute et magnifiquement revêtue de neige, comme le mont Kenia; en s'y rendant, près du lac Baringo, l'un des deux Wakwafi survivants périt de la piqûre d'une vipère; encore cent cinquante milles et on atteint Lekakisera.

Un repos de quinze jours met la petite troupe en état de supporter les fatigues d'un voyage difficile à travers l'immense forêt du district nommé Elgumi. Cette forêt fourmille pour ainsi dire d'éléphants. N'ayant jamais eu à se défendre contre les chasseurs, ils sont généralement inoffensifs, mais beaucoup d'autres fauves abondent autour d'eux, le lion entre autres, et une certaine mouche du nom de *tsetse* inflige de si cruelles piqûres aux ânes de la caravane qu'ils succombent tous; heureusement, ce n'est que quelque temps après, lorsqu'ayant dépassé le grand lac que les indigènes nomment Laga et, plus haut encore, le lac prétendu sans fond qui occupe le cratère d'un volcan éteint, Allan Quatermain et ses compagnons ont atteint un village. Les habitants, de pacifiques pêcheurs qui voyent des hommes blancs pour la première fois, les reçoivent avec respect et bienveillance. Se trouvant privés de tout moyen de transport, ils se décident à séjourner quelque temps dans ce pays et à y attendre les événements. En conséquence, ils échangent contre des cartouches vides un canot creusé dans un tronc d'arbre, prennent avec eux quelques munitions et vont faire un tour sur le lac pour y trouver un endroit favorable à l'établissement de leur camp.

Tout en ramant, Good remarque la couleur bleu foncé tout à fait extraordinaire du lac et raconte que les indigènes prétendent qu'il y a un trou au fond par lequel l'eau s'échappe pour aller éteindre en dessous un incendie formidable.

« Son origine volcanique explique cette légende, » dit Allan Quatermain.

A l'extrémité du lac se trouve une haute muraille de rocher perpendiculaire. A cent mètres environ de ce rocher, le canot passe auprès d'une accumulation considérable de roseaux, de branches et autres débris flottants qui doivent avoir été apportés là par un courant dont Good, toujours très bien renseigné sur les questions aquatiques, cherche à s'expliquer la provenance.

Tandis qu'il discute là-dessus, sir Henry s'intéresse aux mouvements d'une bande nombreuse de cygnes blancs; comme jamais encore il n'en a rencontré en Afrique, l'envie lui vient d'emporter un échantillon de l'espèce; il tire un coup de fusil et abat deux cygnes à la fois. Aussitôt le dernier des Wakwafi qui lui reste, excellent nageur, s'élance pour les rapporter. Il approche de plus en plus de la paroi de rocher que l'eau vient battre sans intervalle de plage; tout à coup un cri lui échappe; il nage vigoureusement vers le canot, mais sans réussir apparemment à résister au tourbillon qui l'entraine. Ses compagnons, en volant à son secours, aperçoivent quelque chose qui ressemble à l'entrée d'un tunnel presque submergé. D'ordinaire il l'est tout à fait, mais les eaux du lac sont basses, cette gueule béante s'ouvre donc visiblement pour happer le pauvre Wakwafi. Au moment où le canot va l'atteindre, il disparaît englouti dans le tourbillon bleu; le canot lui-même est saisi comme par une main puissante et lancé contre le rocher. Ceux qui le montent ont beau lutter, ils sentent que le gouffre les pompe pour ainsi dire, ils se jugent perdus, un dernier instinct de conservation les pousse à se jeter à plat ventre.

L'esquif emporté par une force mystérieuse, file avec la rapidité d'une flèche dans d'épaisses ténèbres. Impossible d'échanger un mot, car le fracas de l'eau étouffe les voix; impossible de relever la tête, car la voûte du rocher est peut-être assez basse pour broyer du coup le crâne qui se redresserait si peu que ce fût. Jamais course folle ne ressembla davantage à un cauchemar.. Enfin le bruit devient moins étourdissant, d'où l'on peut conclure que les échos ont plus de place pour se disperser. Allan Quatermain se mettant à genoux avec précaution, lève le bras, sans rencontrer de voûte ; il recommence, en s'aidant d'une pagaie : même résultat ; à droite, à gauche, il ne trouve rien que de l'eau. Alors il se souvient qu'entre autres provisions, il y a dans le bateau une lanterne et de l'huile. Il frotte une allumette et voit Good, couché sur le dos, son lorgnon dans l'œil, contemplant les ténèbres au-dessus de lui, sir Henry trempant sa main dans le courant pour en apprécier la force, et Umslopogaas... Malgré la gravité des circonstances, le bon Quatermain ne peut s'empêcher de rire. Umslopogaas, en s'aplatissant comme les autres pour éviter des chocs dangereux, a rencontré un rôti froid emporté à tout hasard; il s'est dit que ce rôti sent bon, que ce sera peut-être là son dernier repas et il s'en est taillé une tranche avec la redoutable Inkosi-kaas. « Quand on part pour un long voyage, explique-t-il ensuite, il n'est pas mauvais d'avoir l'estomac plein. » Les compagnons d'infortune, réussissant maintenant à s'entendre, décident que l'on attachera deux pagaies, en guise de mât, afin d'être averti de tout abaissement soudain de la voûte, et que l'un d'eux, se plaçant à l'avant avec la lanterne et une longue gaffe, défendra le bateau contre les rochers tandis qu'un autre veillera au gouvernail.

« Nous sommes évidemment, fait observer Quatermain, engagés sur une rivière souterraine qui emporte les eaux superflues du lac. Ces rivières-là existent assez nombreuses dans maintes parties du monde, on les connaît bien, quoiqu'on évite d'y naviguer. Nous finirons par déboucher quelque part, sans doute de l'autre côté des montagnes; nous n'avons donc qu'à nous sustenter jusque-là, tout en ménageant ce rôti qui est notre unique ressource. »

Good est moins optimiste; il constate bien que le courant file huit nœuds au moins et que, comme à l'ordinaire, il est surtout rapide au milieu, fort heureusement, mais il croit possible que la rivière s'enfonce en serpentant dans les entrailles de la terre jusqu'à ce qu'elle s'y dessèche, donnant ainsi une apparence de raison à la tradition locale.

« Eh bien! dit sir Henry, avec sa philosophie accoutumée, une rivière souterraine est en somme un tombeau qui en vaut bien d'autres. Préparons-nous au pire, en espérant toujours. »

Le conseil est bon assurément, mais tout le sang-froid et toute l'expérience du monde n'empêchent pas un homme d'être ému quand d'heure en heure il se demande s'il a encore ou non cinq minutes d'existence. Néanmoins on s'habitue à tout, même à cette incertitude ; et en somme fût-on chez soi, dans une maison bien close et gardée par les sergents de ville, sait-on jamais combien de temps on peut avoir à vivre? Le plus sage, en quelque circonstance que ce soit, est de se rappeler le conseil de sir Henry : être tranquillement prêt à tout.

Il était midi environ quand la barque a fait son plongeon dans les ténèbres, et c'est vers deux heures que

Good et Umslopogaas ont été mis de garde à l'avant et à l'arrière. A sept heures, sir Henry et Quatermain les remplacent et pendant trois heures encore, grâce à la violence du courant, tout va bien, moyennant quelques précautions pour empêcher le bateau de virer et de se mettre en travers comme il aurait une certaine tendance à la faire. Particularité curieuse : l'air reste frais, quoique un peu lourd naturellement ; c'est merveille qu'il ne s'épaississe pas davantage dans un tunnel de cette longueur. Cependant Allan Quatermain remarque à la fin de sa troisième heure de garde que la température s'échauffe sensiblement. Quelques minutes après, sir Henry lui crie qu'il est dans une sorte de bain turc. Good s'est déjà dépouillé de tous ses habits ; si Umslopogaas ne l'imite pas, c'est qu'il est toujours nu, sauf un moocha.

La chaleur augmente, augmente, jusqu'à ce que les malheureux ruissellent de sueur et soient hors d'état de respirer. Il leur semble pénétrer dans l'antichambre de l'enfer. Quatermain essaye de tremper sa main dans l'eau et la retire précipitamment ; de la surface de la rivière s'élève un nuage de vapeur. Sir Henry émet l'opinion qu'ils passent près du siège souterrain d'un feu volcanique quelconque. Leurs souffrances pendant un temps difficilement appréciable, car dans de pareilles circonstances les minutes paraissent longues comme des heures, touchent à la torture. Ils ne transpirent plus, toute leur sueur ayant coulé, ils gisent au fond du bateau qu'ils sont devenus physiquement incapables de diriger, dans un état de lente suffocation qui doit beaucoup ressembler à celui des pauvres poissons jetés à terre pour y mourir. Leur peau craque, le sang bat dans leur tête avec un sifflement de machine à vapeur.

Tout à coup cette espèce de Styx effroyable fait un détour, et, à un demi-mille en avant, un peu à gauche du centre de la rivière, qui a bien ici quatre-vingt-dix pieds de large, apparaît une chose féerique. Un jet de flamme presque blanche s'élance comme une colonne gigantesque de la surface de l'eau et jaillit à cinquante pieds en l'air; là il frappe le rocher et s'étend à quelque quarante pieds de distance, dessinant un chapiteau en forme de rose épanouie dont les pétales seraient des nappes de feu arrondies, aux enroulements délicats. L'aspect de cette fleur flamboyante sortie des eaux couleur d'encre et dont la tige de feu a plus d'un pied d'épaisseur défie toute description. Sa beauté inspire à la fois l'épouvante et l'admiration. L'épouvante cependant domine, car le bateau avance toujours avec la même rapidité... il avance vers cette fournaise qui éclaire l'immense caverne. Sur le rocher noir courent de grandes veines étincelantes de métaux inconnus.

« Maintenez le bateau à droite, » hurle sir Henry.

Une minute après il tombe sans connaissance. Good l'imite. Bientôt la tête d'Umslopogaas s'affaisse aussi sur ses mains. Ils sont comme morts tous les trois. Quatermain se défend encore. Il sent qu'au-dessus de la grande rose de feu, la voûte de rocher est comme rougie; il voit que le bois du bateau est presque calciné; mais il dépend encore de lui que le canot ne passe pas assez près du jet de gaz pour qu'il périsse. Avec l'énergie qui lui reste, il se sert de la pagaie de façon à se détourner autant que possible du terrible foyer qui l'éblouit, même à travers ses paupières closes, qui rugit comme tous les feux de l'enfer et autour duquel l'eau bout avec fureur. Cinq secondes encore et le bateau passe, laissant derrière lui ce grondement sinistre. Alors, à son tour, le vieux chasseur s'évanouit. Quand il reprend connaissance, un souffle d'air effleure son visage; il ouvre péniblement les yeux, regarde. Les ténèbres l'enveloppent de nouveau, bien que là-bas, bien loin, au-dessus de lui, il y ait de la lumière; le canot descend toujours un courant rapide; au fond gisent les formes nues et encore inanimées de ses amis. Sont-ils morts?

Il trempe sa main dans l'eau et la retire avec un cri. Presque toute la peau en est enlevée. Il boit, il boit des pintes d'eau, tout son corps semble aspirer avidement ce fluide. Alors, se traînant péniblement vers les autres, il se met à les asperger et successivement ils ressuscitent, absorbant à leur tour l'eau fraîche comme des éponges. Good est émerveillé de reconnaître que le bateau, quoique brûlé par places, a tenu bon; un bateau civilisé aurait craqué cent fois, mais celui-ci est creusé dans le bois tendre d'un seul grand arbre et a une épaisseur de trois à quatre pouces.

Qu'était-ce que cette horrible flamme?

Probablement, quelque trou dans le lit de la rivière

permettait à un volume considérable de gaz de jaillir du foyer volcanique caché dans les entrailles de la terre. Comment il devint ignescent, on ne peut que le présumer; peut-être par suite de quelque explosion spontanée de gaz méphitiques.

La lumière qui maintenant apparaît en haut est d'une tout autre nature; elle vient du ciel; la rivière a cessé d'être souterraine, son cours ténébreux continue, non plus dans des cavernes que l'homme ne saurait mesurer, mais entre deux falaises sourcilleuses qui n'ont pas moins de deux mille pieds. Leur hauteur est telle que, quoique le ciel les domine, l'obscurité continue, ou du moins le crépuscule. On se croirait dans une chambre aux volets fermés.

A vouloir calculer cette hauteur, la tête vous tourne; le petit espace du ciel ressort comme un fil bleu sur leur sommet que ne pare aucun arbre, aucune liane, rien que de longs lichens grisâtres qui pendent immobiles comme ferait une barbe blanche au menton d'un mort. Aucun des rayons du soleil n'aurait pu pénétrer si bas. Ils s'éteignent bien loin de pareilles profondeurs.

Le bord de la rivière est semé de fragments de rocher auxquels l'action continuelle de l'eau a donné forme de galets. Le trio anglais, accompagné du guerrier zoulou, aborde sur cette marge, qui, les eaux étant basses, a sept ou huit mètres de largeur, afin de se reposer un peu des horreurs du voyage et de réparer le canot. Non sans peine on découvre un endroit qui semble praticable.

« Quel chien de pays ! s'écrie Good en mettant pied à terre le premier. » — Et il part d'un éclat de rire.

Aussitôt des voix tonnantes reprennent ses derniers mots :

« Chien de pays ! chien de pays ! ho ! ho ! ho ! » répond une autre voix au sommet de la montagne.

« Chien de pays ! chien de pays ! » répètent des échos invisibles, jusqu'à ce que tout le gouffre retentisse des éclats d'une gaîté sauvage qui s'interrompt aussi brusquement qu'elle a commencé.

« Ah ! dit Umslopogaas avec calme, je vois bien que des diables demeurent ici. »

Quatermain essaye de lui expliquer que la cause de tout ce tapage n'est qu'un très remarquable et très intéressant écho. Il n'en veut rien croire :

« Non, non, ce sont des diables, mais je ne fais pas grand cas d'eux. Ils répètent ce qu'on dit et ne savent rien dire de leur crû, ils n'osent pas montrer seulement leurs figures ! »

Après avoir exprimé son mépris pour des diables aussi craintifs et aussi dépourvus d'imagination, le Zoulou se tait, tandis que les autres continuent leur entretien à voix basse, car il est vraiment insupportable de ne pouvoir prononcer un mot, sans que les précipices se le rejettent les uns aux autres comme une balle de croquet. Les chuchotements eux-mêmes remontent le rocher en murmures mystérieux et meurent en longs soupirs.

Cependant, les voyageurs se lavent et pansent leurs brûlures comme ils peuvent ; puis ils songent à manger; mais les habitants de l'endroit, des crabes d'eau douce énormes, noirs et affreux à voir, accourent de tous côtés attirés sans doute par l'odeur de la viande. Ils sortent de chaque trou, pullulent aussi nombreux que les galets eux-mêmes, étendant des pinces agressives qui s'attaquent si bien à Good que celui-ci, surpris par derrière, se lève, avec une exclamation courroucée dont les échos font un véritable tonnerre. Umslopogaas brandit sa hache et commence un massacre qui dégoûte si fort les trois autres qu'ils retournent à leur canot en laissant les débris de leur repas à la horde repoussante.

« Les diables de l'endroit, » dit Umslopogaas de l'air d'un homme qui a résolu quelque problème.

Et de nouveau ils se laissent aller à la dérive, sachant à peine quand le jour finit, quand la nuit recommence, jusqu'au moment où de nouveau les opaques ténèbres souterraines les entourent, accompagnées d'un bruit murmurant qui leur est devenu familier. Une fois de plus ils sont ensevelis.

Vers minuit, un rocher plat qui avance au milieu du ruisseau est bien près de les faire chavirer; à trois heures, la rapidité du courant augmente et bientôt le canot force son chemin au milieu d'un fouillis de lianes pendantes.

On est sorti du tunnel, on flotte à découvert, l'air pur et parfumé de la nuit arrive comme une caresse aux voyageurs qui attendent l'aube avec impatience, curieux de savoir vers quel rivage le hasard les a conduits.

Le soleil se lève, teignant le ciel de pourpre et d'or, il pompe lentement le brouillard qui couvre les eaux comme des ondes de ouate blanche; les voyageurs découvrent alors qu'ils flottent sur une vaste nappe du plus bel azur; on n'aperçoit pas le rivage; cependant l'horizon est fermé par une chaîne de montagnes escarpées qui semblent retenir les eaux du lac; il n'y a pas à douter que par quelque issue dans ces montagnes, la rivière souterraine ne se fraye un chemin. Une preuve de ce fait, c'est qu'à peu de distance du canot, le corps d'un homme, qui n'est autre que le pauvre serviteur, noyé deux jours auparavant, flotte sur le ventre. Ce mort a fait le voyage avec ses anciens compagnons, il est arrivé au but en même temps qu'eux, à demi-brûlé, il est vrai, par le contact du pilier de flamme qu'il a dû effleurer. Aussitôt que d'un coup de pagaie on l'a retourné, mis sur le dos, il enfonce et disparaît, comme si sa mission était accomplie, en réalité parce que cette nouvelle attitude donne un libre passage au gaz.

« Pourquoi nous a-t-il suivis? C'est un mauvais présage, » dit Umslopogaas.

Ce qui importe maintenant, c'est de trouver un point où l'on puisse aborder, et, sauf les montagnes à travers lesquelles la rivière souterraine fait son entrée dans le lac, il n'y a pas de terre visible.

En observant cependant le vol des oiseaux aquatiques qui doivent être partis du rivage pour passer la journée à pêcher, Good tourne le bateau à gauche, du côté d'où ils viennent tous. Bientôt une brise se lève et la voile improvisée avec une perche et une couverture se gonfle joyeusement. Quelques morceaux de biltong (gibier desséché) composent dans de telles circonstances un repas délicieux, surtout lorsqu'il est accompagné d'une bonne pipe.

Au bout d'une heure de marche, Good qui, armé de sa lorgnette, interroge l'horizon, s'écrie soudain qu'il aperçoit la terre et, deux minutes après, un grand dôme doré perce les dernières brumes. Tandis que ses amis s'émerveillent, Good signale une découverte plus importante encore, celle d'un petit bateau à voiles qui semble indiquer un certain degré de civilisation.

Et en effet le bateau qui apparaît bientôt à tous n'a rien de commun avec les canots creusés ; il est construit en planches et porte un homme et une femme bruns à la façon des Espagnols ou des Italiens. C'était donc vrai, après tout, l'existence de cette race blanche ? Mystérieusement conduits par une puissance supérieure à la leur, les aventuriers ont découvert ce qu'ils cherchaient. Ils se félicitent les uns les autres d'un succès si complet et si imprévu.

« Vraiment, dit sir Henry, qui possède ses auteurs, le vieux Romain avait raison quand il s'écriait : « *Ex Africa semper aliquid novi.* » (En Afrique, il arrive toujours du nouveau.) »

Le batelier a des cheveux lisses et droits, des traits réguliers, un peu aquilins, une physionomie intelligente. Il est vêtu de drap brun ; ses habits sont une espèce de chemise sans manches et un jupon court, comme le *kilt* écossais. A ses jambes et à ses bras nus s'enroulent des cercles d'un métal jaune qui doit être de l'or. La femme, aux cheveux bruns bouclés, aux grands yeux doux, porte une élégante draperie qui enveloppe tout le corps de plis gracieux et dont le bout est rejeté par-dessus l'épaule.

Si les voyageurs sont étonnés à la vue du couple indigène, celui-ci l'est bien encore plus à la vue des voyageurs. L'homme n'ose pousser vers le canot; il reste à distance respectueuse, sans répondre à aucun des saluts qui lui sont adressés en anglais, en français, en latin, en grec, en allemand, en hollandais, en zoulou, en sisitou, en kukuana et en d'autres dialectes indigènes. Ces diverses langues sont pour lui incompréhensibles, mais Good ayant envoyé un baiser à la jeune dame, elle répond de très bonne grâce et semble prendre un certain plaisir à être lorgnée attentivement par l'irrésistible monocle de l'officier de marine.

« Vous serez notre interprète, Good, dit gaiement sir Henry.

— Ce qui est certain, fait observer Quatermain, c'est que ces gens-là vont revenir avec un grand nombre de leurs pareils. Reste à savoir comment nous serons reçus.

— Si nous prenions un bain en attendant, » propose sir Henry, avec l'entrain naturel aux Anglais quand il s'agit de plonger dans l'eau froide.

L'offre est accueillie avec transport. Après le bain, les trois nageurs se sèchent au soleil, puis chacun d'eux défait la petite caisse qui renferme ses vêtements de rechange. Pour Quatermain et sir Henry, ce n'est qu'un simple *complet* de chasse, mais, d'un tout petit paquet, Good tire, comme par miracle, un uniforme tout neuf de commandant de la marine royale, épaulettes d'or, galons, claque, bottes vernies et le reste. Ses amis ont alors le secret des soins particuliers qu'il donnait à un surcroît de bagages qui, tout le long du chemin, les a beaucoup gênés. Ils se récrient à qui mieux mieux, tandis qu'Umslopogaas, ébloui, s'écrie avec l'accent de la plus sincère admiration :

« Oh! Bougwan! Oh! Bougwan! Je t'avais toujours cru un vilain petit homme trop gros et voilà que tu ressembles à un geai bleu quand il étale sa queue en éventail! Bougwan, cela fait mal aux yeux de te regarder. »

Saisi lui-même d'émulation, le chef zoulou, qui n'a pas la vaine habitude d'orner son corps, se met à le frotter avec l'huile de la lanterne jusqu'à ce qu'il reluise autant que les bottes mêmes de Good; après quoi il revêt l'une des cottes de mailles dont sir Henry lui a fait cadeau et, ayant nettoyé Inkosi-kaas, se redresse superbe.

Pendant ce temps le canot dont la voile a été de nouveau hissée après le bain, file vers la terre, ou plutôt vers l'embouchure d'une large rivière. Une heure et demie s'est à peine écoulée depuis le départ du petit voilier, quand un nombre considérable d'autres bateaux émerge de la rivière; il y en a un très grand, conduit par vingt-quatre rameurs et d'un aspect tout officiel, les hommes de l'équipage portant une espèce d'uniforme et celui qui évidemment les commande ayant un sabre au côté.

C'est un vieillard, d'aspect vénérable, à la longue barbe flottante.

« Que parions-nous? dit Quatermain. Vont-ils nous aborder poliment ou bien nous exterminer? »

Au moment même, quatre hippopotames se montrent dans l'eau, à deux cents mètres environ, et Good fait observer qu'il serait bon de donner aux indigènes une idée de la puissance de leurs armes en tirant sur l'un d'eux. Cette idée a malheureusement l'approbation générale. Les hippopotames se laissent approcher sans montrer d'effroi; Quatermain fait même la remarque qu'ils sont singulièrement apprivoisés. Un massacre s'ensuit durant lequel, le plus gros des hippopotames dans les convulsions de l'agonie retourne comme il ferait d'une coquille de noix l'un des bateaux; une jeune femme qui le monte est sauvée à grand'peine.

Ayant prouvé ainsi à la fois leur puissance et leurs intentions bienveillantes, Quatermain, Good et Curtis pensent avoir favorablement impressionné les indigènes qui se sont éloignés d'un air d'effroi et de consternation. Ils s'avancent avec maints salamalecs vers le grand bateau à rames et commencent en anglais des discours fort inutiles, car le vénérable commandant à la barbe flottante répond dans un langage très doux auquel ils sont obligés de répondre à leur tour en secouant la tête. Enfin Quatermain, qui meurt de faim, a la bonne idée d'ouvrir la bouche très grande en y plongeant son doigt comme une fourchette et de se frotter l'estomac. Ces gestes sont aussitôt compris; l'interlocuteur fait de la tête plusieurs signes affirmatifs et montre le port, tandis que l'un des hommes lance une amarre pour indiquer aux étrangers qu'on les remorquera volontiers.

En vingt minutes le canot et les quatre hommes qui s'y tiennent, un peu inquiets, arrivent à l'entrée du port qui est littéralement encombré de barques portant des curieux accourus pour les voir passer. Dans le nombre figurent beaucoup de dames dont quelques-unes sont éblouissantes de blancheur.

Un tournant de la rivière révèle enfin la ville de Milosis. Ce nom venant de *mi*, cité, et de *losis*, froncement de sourcil, on peut l'appeler indifféremment la cité sourcilleuse ou la cité menaçante. A quelque cinq cents mètres de la rive, se dresse une falaise de granit qui, évidemment, encaissait jadis le lac, l'espace intermédiaire, couvert maintenant de *docks* et de routes, ayant été conquis par des travaux d'ingénieurs. Au-dessous du précipice, on voit un grand bâtiment du même granit que la falaise, qui n'est autre que le palais royal. Derrière le palais, la ville monte en pente douce vers un temple de marbre blanc couronné d'un dôme doré. Sauf cette seule construction, la ville est tout entière bâtie en granit rouge, très régulièrement, avec de grandes voies largement ouvertes entre les maisons élevées d'un étage et entourées de jardins. Mais la merveille et la gloire de Milosis, c'est l'escalier du palais, qui compte soixante-cinq pieds de large d'une balustrade à l'autre, et dont les deux étages, chacun de cent vingt-cinq marches, réunis par une plate-forme, descendent des murs du palais vers le canal creusé au-dessous. Cet escalier prodigieux repose sur une arche énorme de la plus surprenante hardiesse, d'où part un pont volant dont l'autre extrémité va s'enfoncer dans le granit.

On raconte que ce splendide ouvrage, commencé dès l'antiquité, fut interrompu durant trois siècles, jusqu'à ce qu'enfin un jeune ingénieur du nom de Rademas se fût engagé sur sa vie à l'achever. S'il échouait, il devait être jeté du haut du précipice qu'il avait entrepris d'escalader. S'il réussissait, il devait au contraire épouser la fille du roi. Cinq ans lui furent donnés pour achever son œuvre. Trois fois l'arche tomba; enfin une nuit il rêva qu'une femme divinement belle venait à lui et lui touchait le front; aussitôt il eut une vision de l'ouvrage terminé ainsi que des moyens pour le mener à bien. Au réveil, il recommença ses plans, et le dernier jour des cinq années, il faisait monter à sa royale fiancée l'escalier conduisant au palais. Devenu l'héritier du trône, il fonda la dynastie actuelle de Zu-Vendis, qui s'appelle encore la *Maison de l'Escalier*, prouvant ainsi combien l'énergie et le talent sont les degrés naturels qui mènent à la grandeur. Pour rappeler son triomphe, Rademas fit une statue qui le représentait endormi, tandis que l'Inspiratrice lui touchait le front. Cette statue décore toujours le grand vestibule du palais.

Telle fut l'histoire de Milosis qu'apprirent plus tard Curtis, Quatermain et Good. Certes, cette ville était la bien nommée, car les puissants ouvrages de granit semblaient froncer le sourcil d'un air menaçant, en écrasant de leur grandeur les pygmées qui osaient les gravir.

Quand le bateau, dirigé par les vingt-quatre rameurs, a touché terre, le personnage officiel qui le conduit pose le bout des doigts sur ses lèvres en signe de salutation et conduit les étrangers dans une sorte d'auberge, où on leur sert de la viande froide, des légumes verts semblables à des laitues, du pain bis et du vin rouge, versé d'une outre en peau dans des gobelets de corne. Ce vin, particulièrement bon, ressemble à du bourgogne. Il est versé par des jeunes filles, vêtues comme la première, d'une jupe courte en toile blanche et d'une draperie laineuse, qui laisse nus le bras droit et une partie de la poitrine. C'est le costume national, un costume qui varie selon les conditions. Par exemple, si la jupe est blanche, on peut conclure que celle qui la porte n'est pas mariée; si elle est bordée d'une raie rouge, on se trouve en présence d'une femme; la femme est veuve si la rayure est noire, ainsi de suite. De même l'écharpe, le *kaf*, comme on la nomme, est de couleurs différentes selon le rang, la condition sociale; ceci s'applique également aux tuniques des hommes; l'insigne national est une bande d'or autour du bras droit et du genou gauche; les gens de haute naissance ont, en outre, une torque d'or autour du cou.

Leur repas terminé, les trois étrangers sont conduits au pied du grand escalier, que décorent deux lions de taille colossale, tirés chacun d'un bloc de marbre noir pour terminer la rampe. On les attribue aussi à Rademas, le prince architecte et sculpteur qui, à en juger par ce qui reste de son œuvre, fut sans doute un des plus grands artistes qui existèrent jamais.

Au premier étage, du haut de la plateforme, la vue embrasse un paysage splendide qui borde les eaux bleues du lac. Ayant atteint le sommet du second étage, les étrangers sont introduits dans le palais, gardé par une sentinelle, dont le sabre est exactement pareil comme travail à celui que leur a montré M. Mackenzie. Une lourde lance à la main, la poitrine et le dos protégés par une cuirasse d'hippopotame habilement préparée, la sentinelle qui veille aux portes de bronze échange un mot d'ordre avec le guide avant de permettre l'entrée dans une cour sablée de poudre de coquillages et ornée de massifs, de plates-bandes fleuries. Quant au palais, il n'a pas de portes, mais seulement des rideaux épais.

Dans une salle décorée de statues et jonchée de riches tapis, sont rangés les hauts dignitaires de l'État autour de deux trônes d'or massif; parmi eux le grand-prêtre du Soleil, qui est le dieu de ce pays. Puis surviennent, avec un fracas éclatant de trompettes, des hommes armés précédant les deux reines, les sœurs jumelles, Nylephta et Soraïs, deux miracles de beauté, celle-là blonde et blanche comme la neige, celle-ci brune aux yeux noirs, au teint olivâtre.

Il est clair qu'à première vue sir Henry Curtis et Nylephta s'éprennent l'un de l'autre, aussi ne sommes-nous pas très surpris, quand à la fin du second volume, un Anglais de bonne mine et du plus généreux caractère, monte par suite de son mariage sur le trône de Zu-Vendis. Mais il faut surmonter d'abord bien des obstacles; il faut déjouer les complots du grand-prêtre qui demande le châtiment de ces téméraires coupables d'avoir attenté aux jours des hippopotames sacrés, des nobles animaux qui, voués au Soleil, sont nourris dans le port par des prêtres préposés à leur service. Un tel sacrilège mérite la mort, la mort par le feu. Nylephta et Soraïs protègent à l'envi les prétendus criminels, et non seulement les sauvent, mais encore les comblent de faveurs, les associent à leurs plaisirs. Malheureusement, Soraïs est touchée tout autant que sa sœur par le mérite de sir Henry Curtis qui, en outre de sa magnifique prestance, a des talents que tout le monde admire, car il enseigne aux Zu-Vendiens à fabriquer du verre et prédit, avec le secours de l'almanach, des phénomènes célestes que les astronomes du crû ne soupçonnaient même pas. Il expose même aux savants le principe de la machine à vapeur, et tout cela l'élève si haut dans l'estime des deux reines qu'elles finissent par le loger dans leur palais, lui et ses compagnons, afin de pouvoir plus aisément consulter ces trois sages sur les questions de politique.

Fureur des grands dignitaires contre les Anglais, jalousie plus redoutable encore de Soraïs à l'égard de sa sœur Nylephta. Lorsque la blonde reine annonce son prochain mariage avec l'étranger, « la Dame de la nuit » comme on appelle l'autre reine brune, se met à la tête des mécontents. Une guerre civile s'ensuit.

Peut-être y a-t-il vraiment trop de récits de batailles à la fin du second volume; le sang y coule à flots. La défense de l'escalier géant du palais par Umslopogaas seul contre une soixantaine de conjurés armés qui viennent pour assassiner la reine, tandis que son époux met les rebelles en déroute, est une épopée quelque peu fabuleuse, mais d'un grand effet. A la fin, l'héroïque Zoulou tombe, après avoir brisé sa fidèle Inkosi-kaas qu'il ne veut laisser à personne. Il en frappe une certaine pierre sacrée qui selon les prophéties locales doit être mise en pièces le jour où un roi de race étrangère gouvernera le pays. Et la prophétie s'accomplit; sir Henry Curtis est solennellement élevé au trône de Zu-Vendis.

Les fêtes de son avènement sont attristées toutefois par l'état lamentable du bon Quatermain qui n'a pu résister aux fatigues de la guerre et qui meurt après avoir terminé son journal, lequel n'est autre que le roman dont nous venons de donner un résumé succinct.

La main du nouveau souverain de Zu-Vendis y a ajouté un post-scriptum. Pendant six mois diverses commissions ont travaillé à découvrir, en explorant les frontières, s'il existait aucun moyen de pénétrer dans le pays ou d'en sortir; un seul canal de communication ayant été signalé, on décide que cette issue sera bouchée. Curtis, ou plutôt le roi Incubu, c'est dorénavant son nom, se promet de conserver à ses sujets les bienfaits d'une comparative barbarie. Pour cela il éloignera systématiquement les étrangers. Good (Bougwan), chargé de fonder sur les grands lacs une marine royale, est du même avis. Point de télégraphe, de journaux, de poudre à canon. Incubu s'applique d'ailleurs à créer un gouvernement central vigoureux et à saper l'influence des prêtres du Soleil; tôt ou tard la croix devra être plantée sur le dôme du temple. En attendant, il se promet d'élever le fils blond et rose que lui a donné la belle Nylephta en gentleman anglais.

TH. BENTZON.

Collection Hetzel

ÉDUCATION
RÉCRÉATION

Enfance — Jeunesse — Famille

500 Ouvrages

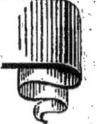

JOURNAL DE toute la Famille

MAGASIN

COURONNÉ par l'Académie

D'ÉDUCATION et de RÉCRÉATION

FONDÉ par
P.-J. STAHL
en 1864

et

Semaine des Enfants

réunis, dirigés par

Jules Verne — J. Hetzel — J. Macé

La Collection complète	ABONNEMENT
beaux volumes in-8 illustrés	d'un An
ochés . . . . 336 fr.	Paris . . . . 14 fr.
rtonnés dorés . . . . . 480 fr.	Départements . . . . . 16 fr.
lume séparé, broché . . . 7 fr.	Union . . . . 17 fr.
— cartonné doré . . . . 10 fr.	(Il paraît deux volumes par an.)

En préparation pour 1889

Un Roman inédit
de Jules Verne

Un Roman inédit
de André Laurie

es Jeunes Aventuriers
de La Floride
Par J. Brunet

Une Élève de Seize ans
Journal d'un Aïeul
Par E. Legouvé, de l'Académie

'Étude des Beaux-Arts
Par Carteron

L'Aînée, par J. Lermont
Etc., etc.

Catalogue **EK**.

MAGASIN D'ÉDUCATION ET DE RÉCRÉATION

Les Tomes I à XXIV
renferment comme œuvres principales :

L'Ile mystérieuse, Les Aventures du Capitaine Hatteras, Les Enfants du Capitaine Grant, Vingt mille lieues sous les mers, Aventures de trois Russes et de trois Anglais, Le Pays des Fourrures, Michel Strogoff, de JULES VERNE. — La Morale familière (cinquante contes et récits), Les Contes Anglais, La Famille Chester, Histoire d'un Ane et de deux jeunes Filles, La Matinée de Lucile, Le Chemin glissant, Une Affaire difficile, L'Odyssée de Pataud et de son chien Fricot, de P.-J. STAHL. — La Roche aux Mouettes, de Jules SANDEAU. — Le nouveau Robinson suisse, de STAHL et MULLER. — Romain Kalbris, d'Hector MALOT. — Histoire d'une maison, de VIOLLET-LE-DUC. — Les Serviteurs de l'Estomac, Le Géant d'Alsace, L'Anniversaire de Waterloo, Le Gulf-Stream, La Grammaire de mademoiselle Lili, Un Robinson fait au collège, de Jean MACÉ. — Le Denier de la France, La Chasse, Le Travail et la Douleur, A Madame la Reine, Un Premier Symptôme, Sur la Politesse, Un Péché véniel, Diplomatie de deux Mamans, etc., de E. LEGOUVÉ. — Petit Enfant, Petit Oiseau, L'Absent, Rendez-vous ! La France, La Sœur aînée, L'Enfant grondé, etc., par Victor DE LAPRADE. — La Jeunesse des Hommes célèbres, de MULLER. — Aventures d'un jeune Naturaliste, Entre Frères et Sœurs, de Lucien BIART. — Le Petit Roi, de S. BLANDY. — L'Ami Kips, de G. ASTON. — Causeries d'Économie pratique, de Maurice BLOCK. — Les Vilaines Bêtes, de BÉNÉDICT. — Vieux Souvenirs, Départ pour la Campagne, Bébé aime le rouge, de Gustave DROZ. — Le Pacha berger, de LABOULAYE. — La Musique au foyer, de P. LACOME. — Histoire d'un Aquarium, Les Clients d'un vieux Poirier, de E. VAN BRUYSSEL. — Histoire de Bébelle, Une Lettre inédite, Septante fois sept, de DICKENS. — Pâquerette, Le Taciturne, etc., de H. FAUQUEZ. — Le Petit Tailleur, de A. GÉNIN. — Curiosités de la vie des Animaux, par P. NOTH. — Notre vieille Maison, de H. HAVARD. — Le Chalet des Sapins, par P. CHAZEL. — Les Deux Tortues, Ce qu'on faisait à un bébé quand il tombait, par F. DUPIN DE SAINT-ANDRÉ, etc., etc.

Les petites Sœurs et les petites Mamans, Les Tragédies enfantines, Les Scènes familières, textes de P.-J. STAHL.

Les Tomes XXV à XLVIII
renferment comme œuvres principales :

JULES VERNE : Deux Ans de vacances, Nord contre Sud, Un Billet de Loterie, L'Étoile du Sud, Kéraban-le-Têtu, L'École des Robinsons, La Jangada, La Maison à vapeur, Les Cinq cents millions de la Bégum, Hector Servadac. — J. VERNE et A. LAURIE : L'Épave du Cynthia. — P.-J. STAHL : Maroussia, Les Quatre Filles du docteur Marsch, Le Paradis de M. Toto, La Première Cause de l'avocat Juliette, Un Pot de crème pour deux, La Poupée de Mlle Lili. — STAHL et LERMONT : Jack et Jane, La Petite Rose. — L. BIART : Monsieur Pinson, Deux enfants dans un parc. — E. LEGOUVÉ, *de l'Académie* : Leçons de lecture, Une élève de seize ans, etc. — V. DE LAPRADE, *de l'Académie* : Le Livre d'un Père. — A. DEQUET : Mon Oncle et ma Tante. — A. BADIN : Jean Casteyras. — E. EGGER, *de l'Institut* : Histoire du Livre. — J. MACÉ : La France avant les Francs. — Ch. DICKENS : L'Embranchement de Mugby. — A. LAURIE : Le Bachelier de Séville, Une Année de collège à Paris, Scènes de la vie de collège en Angleterre, Mémoires d'un Collégien, L'Héritier de Robinson. — De New-York à Brest en 7 heures. — P. CHAZEL : Riquette. — Dr CANDÈZE : La Gileppe, Aventures d'un Grillon, Périnette. — C. LEMONNIER : Bébés et Joujoux. — HENRY FAUQUEZ : Souvenirs d'une Pensionnaire. — J. LERMONT : Les jeunes Filles de Quinnebasset. — F. DUPIN DE SAINT-ANDRÉ : Histoire d'une bande de canards, La Vieille Casquette, etc. — Th. BENTZON : Contes de tous les Pays. — BÉNÉDICT : Le Noël des petits Ramoneurs, Les charmantes Bêtes, etc. — A. GENIN : Marco et Tonino, Deux Pigeons de Saint-Marc. — E. DIENY : La Patrie avant tout. — C. LEMAIRE : Le Livre de Trotty. — G. NICOLE : Le Chibouk du Pacha, etc. — GENNEVRAYE : Théâtre de Famille, La petite Louisette. — BERTIN : Voyage au Pays des Défauts, Les deux Côtés du mur. — Les Douze. — P. PERRAULT : Pas-Pressé, Les Lunettes de Grand'Maman. — B. VADIER : Blanchette, Comédies. — I.-A. REY : Les Travailleurs microscopiques. — S. BLANDY : L'Oncle Philibert. — RIDER HAGGARD : Découverte des Mines de Salomon. — GOUZY : Voyage au Pays des Étoiles, Promenade d'une Fillette autour d'un Laboratoire. — Pierre et Paul, — La Chasse, Les petits Bergers, par UN PAPA.

Illustrations par ATALAYA, BAYARD, BENETT, BECKER, CHAM, GEOFFROY, L. FRŒLICH, FROMENT, LAMBERT, LALAUZE, LIX, ADRIEN MARIE, MEISSONIER, DE NEUVILLE, PHILIPPOTEAUX, RIOU, G. ROUX, TH. SCHULER, etc.

N. B. — La plus grande partie de ces œuvres ont été couronnées par l'Académie française

CHAQUE VOLUME SE VEND SÉPARÉMENT

Prix : broché, 7 fr.; cartonné toile, tranches dorées, 10 fr.; relié, tranches dorées, 12 fr.

LES NOUVEAUTÉS POUR 1888-1889 SONT INDIQUÉES PAR UNE †
Les ouvrages précédés d'une double palme 🌿 ont été couronnés par l'Académie

(1er Âge)
ALBUMS STAHL IN-8° ILLUSTRÉS

Les Albums Stahl

Il y a des lecteurs qui ne sont pas des hommes encore et à qui il faut des lectures et des images pour leurs premières curiosités. Ce public innombrable et frêle n'a pas été oublié. Les *Albums Stahl* leur donnent de piquants ou de jolis dessins accompagnés d'un texte naïf. La naïveté est celle qu'un ingénieux esprit, comme Stahl, peut offrir. Elle a ses malices légères et sa gaieté tendre. Les dessins ont de la fantaisie dans la vérité. Bégayements heureux, rires argentins, ce sont là les effets que produisent ces albums caressants. Il y a beaucoup de gros livres et de travaux ambitieux qui n'ont pas la même utilité.

GUSTAVE FRÉDÉRIX. (*Indépendance Belge*.)

FRŒLICH

† Les petits Bergers.
Pierre et Paul.
La Poupée de Mlle Lili.
La Journée de M. Jujules.
L'A perdu de Mlle Babet.
Alphabet de Mlle Lili.
Arithmétique de Mlle Lili.
Cerf-Agile, histoire d'un jeune sauvage.
Commandements du Grand-Papa.

Bonsoir, petit père.
La Fête de Mlle Lili.
Journée de Mlle Lili.
La Grammaire de Mlle Lili. (J. MACÉ.)
Le Jardin de M. Jujules.
Mlle Lili aux Eaux.
Les Caprices de Manette.
Les Jumeaux.
Un drôle de Chien.
La Fête de Papa.

Mlle Lili à la campagne.
Monsieur Toc-Toc.
Le premier Chien et le premier Pantalon.
L'Ours de Sibérie.
Le petit Diable.
Premier Cheval et 1re Voiture.
Premières armes de Mlle Lili.
La Salade de la grande Jeanne.
La Crème au chocolat.
M. Jujules à l'école.

L. BECKER . . . . L'Alphabet des Oiseaux.
    — . . . . L'Alphabet des Insectes.
COINCHON (A.) . . . . Histoire d'une Mère.
DETAILLE . . . . Les bonnes Idées de mademoiselle Rose.
FATH . . . . Le Docteur Bilboquet.
    — . . . . Gribouille. — Jocrisse et sa Sœur.
    — . . . . Les Méfaits de Polichinelle. — Pierrot à l'École.
    — . . . . La Famille Gringalet. — Une folle soirée chez Paillasse.
FROMENT . . . . † Petites Tragédies enfantines.
    — . . . . Le Petit Acrobate.
    — . . . . La Boîte au lait. — Histoire d'un pain rond.
    — . . . . La Petite Devineresse. — Le Petit Escamoteur.
GEOFFROY . . . . Le Paradis de M. Toto. — 1re Cause de l'avocat Juliette.
    — . . . . L'âge de l'École.
GRISET . . . . La Découverte de Londres.
JUNDT . . . . L'École buissonnière.
LALAUZE . . . . Le Rosier du petit Frère.
LAMBERT . . . . Chiens et Chats.
LANÇON . . . . Caporal, le chien du régiment.
MARIE (A.) . . . . Le petit Tyran.
MATTHIS . . . . Les deux Sœurs.
MÉAULLE . . . . Petits Robinsons de Fontainebleau.
PIRODON . . . . Histoire d'un Perroquet. — Histoire de Bob aîné.
    — . . . . La Pie de Marguerite.
SCHULER (TH.) . . . . . . Les Travaux d'Alsa.
VALTON . . . . Mon petit Frère.

ALBUMS STAHL ILLUSTRÉS gr. in-8°

FRŒLICH

Mlle Mouvette.
M. Jujules et sa sœur Marie.
Petites Sœurs et petites Mamans.

} Voyage de Mlle Lili autour du monde.
} Voyage de découvertes de Mlle Lili.
} La Révolte punie.

CHAM . . . . Odyssée de Pataud.
FROMENT . . . . La belle petite Princesse Ilsée. — La Chasse au volant.
GRISET (E.) . . . . Aventures de trois vieux Marins. — Pierre le Cruel.
SCHULER (T.) . . . . Le premier Livre des petits enfants.
VAN BRUYSSEL . . . . . . Histoire d'un Aquarium (en couleurs).

1ᵉʳ Age
ALBUMS STAHL en COULEURS, IN-4°

L. FRŒLICH
Chansons & Rondes de l'Enfance

Sur le Pont d'Avignon.	Giroflé-Girofla.	Le bon roi Dagobert.
La Tour prends garde.	Il était une Bergère.	Compère Guilleri.
La Marmotte en vie.	M. de La Palisse.	Malbrough s'en va-t-en guerre.
La Boulangère a des écus.	Au Clair de la Lune.	Nous n'irons plus au bois.
La Mère Michel.	Cadet-Roussel.	

L. FRŒLICH
La Bride sur le cou. — M. César. — Le Cirque à la maison. — Mˡˡᵉ Furet. — Pommier de Robert. Moulin à paroles. — Jean le Hargneux, — Hector le Fanfaron. — La Revanche de François.

BECKER . . . . Une drôle d'École.
COURBE . . . . L'Anniversaire de Lucy.
GEOFFROY . . . . Monsieur de Crac. — Don Quichotte. — Gulliver.
— . . . . L'Ane gris. — Le pauvre Ane.
JAZET . . . . L'Apprentissage du Soldat.
KURNER . . . . † Une Maison inhabitable.
DE LUCHT . . . . † L'Homme à la Flûte. Les 3 montures de John Cabriole.
— . . . . La Leçon d'Équitation. — La Pêche au Tigre.
MATTHIS . . . . Métamorphoses du Papillon.
MARIE . . . . Mademoiselle Suzon.
TINANT . . . . Du haut en bas. — Un Voyage dans la neige.
— . . . . Une Chasse extraordinaire.
— . . . . Les Pêcheurs ennemis. — La Guerre sur les Toits.
— . . . . La Revanche de Cassandre.
TROJELLI . . . . Alphabet musical de Mˡˡᵉ Lili.

1ᵉʳ et 2ᵐᵉ Age
PETITE BIBLIOTHÈQUE BLANCHE
Volumes gr. in-16 colombier, Illustrés

AUSTIN . . . . Boulotte.
BAUDE (L.) . . . . Mythologie de la Jeunesse.
BERTIN (M.) . . . . † Les Douze. — Voyage au Pays des défauts.
— . . . . Les deux Côtés du mur.
BIGNON . . . . Un Singulier petit Homme.
CHAZEL (PROSPER) . . . . . Riquette.
DE CHERVILLE (M.) . . . . . Histoire d'un trop bon Chien.
DICKENS (CH.) . . . . L'Embranchement de Mugby.
DIENY (F.) . . . . La Patrie avant tout.
DUMAS (A.) . . . . La Bouillie de la comtesse Berthe.
DURAND (H.) . . . . † Histoire d'une bonne aiguille.
FEUILLET (O.) . . . . La Vie de Polichinelle.
GÉNIN (M.) . . . . Le Petit Tailleur Bouton. — Marco et Tonino.
— . . . . Les Pigeons de Saint-Marc. — Un petit Héros.
GENNEVRAYE . . . . Petit Théâtre de Famille.
GOZLAN (LÉON) . . . . Le Prince Chènevis.
KARR (ALPHONSE) . . . . . Les Fées de la mer.
LA BÉDOLLIÈRE (DE) . . . Histoire de la Mère Michel et de son chat.
LACOME . . . . La Musique en famille.
LEMAIRE-CRETIN . . . . . . Le Livre de Trotty.
LEMOINE . . . . La Guerre pendant les vacances.
LEMONNIER (C.) . . . . Bébés et Joujoux.
— . . . . Histoire de huit Bêtes et d'une Poupée.
LOCKROY (S.) . . . . Les Fées de la Famille.
MULLER (E.) . . . . Récits enfantins.
MUSSET (P. DE) . . . . Monsieur le Vent et Madame la Pluie.
NODIER (CHARLES) . . . . Trésor des Fèves et Fleur des Pois.
NOEL (E.) . . . . La Vie des Fleurs.
OURLIAC (E.) . . . . Le Prince Coqueluche.
PERRAULT (P.) . . . . Les Lunettes de Grand'Maman.
SAND (GEORGE) . . . . Le Véritable Gribouille.
STAHL (P.-J.) . . . . Les Aventures de Tom Pouce.
VAN BRUYSSEL . . . . Les Clients d'un vieux Poirier.
VERNE (JULES) . . . . Un Hivernage dans les glaces. — Christophe Colomb.
VILLERS (DE) . . . . Les Souliers de mon voisin.
VIOLLET-LE-DUC . . . . Le Siège de la Rochepont.

Bibliothèque d'Éducation et de Récréation

Q UELS souvenirs agréables et charmants ce titre général ne rappelle-t-il pas aux hommes d'aujourd'hui, ceux qui entraient dans la vie au moment même où une révolution complète s'opérait, en leur faveur, dans la littérature! Car il n'y a pas beaucoup plus de vingt ans que les jeunes gens lisent, c'est-à-dire qu'ils ont des livres conçus pour eux, écrits pour eux, et dont le succès est tel qu'on n'aurait pas osé l'attendre.

« C'est presque une innovation que l'introduction de la lecture dans les plaisirs de la jeunesse. Elle date presque d'hier : mettons vingt ans, c'est tout le bout du monde. Pendant ces vingt années, l'éditeur Hetzel a su publier 300 volumes de premier ordre.

« Le titre trouvé par l'éditeur constitue à lui seul un programme : ÉDUCATION et RÉCRÉATION. Et, en effet, tout est là. Ces beaux et bons livres instruisent et ils amusent. »

VOLUMES IN-8° CAVALIER, ILLUSTRÉS

ALDRICH	Un Écolier américain.
F. ALONE	Autour d'un Lapin blanc.
ASTON (G.)	L'Ami Kips.
AUDEVAL (H.)	La Famille de Michel Kagenet.
BENTZON (TH.)	Pierre Casse-Cou.
—	Yette (Histoire d'une jeune Créole).
BIART (L.)	Voyage de deux Enfants dans un parc.
—	Entre Frères et Sœurs. — Deux Amis.
BRÉHAT (A. DE)	Aventures de Charlot.
CAHOURS ET RICHE	Chimie des Demoiselles.
CHAZEL (PROSPER)	Le Chalet des sapins.
DEQUET	Histoire de mon Oncle et de ma Tante.
ERCKMANN-CHATRIAN	†Pour les Enfants (Les Vieux de la Vieille).
FATH (G.)	Un Drôle de Voyage.
GENIN (M.)	La Famille Martin.
GOUZY	Voyage d'une Fillette au pays des Étoiles.
—	Promenade d'une fillette autour d'un laboratoire.
GRAMONT (COMTE DE)	Les Bébés.
KAEMPFEN (A.)	La Tasse à thé.
LEMAIRE-CRETIN	Expériences de la petite Madeleine.
MICHELET (gr. in-8°)	Histoire de la Révolution française. 2 vol. (brochés).
MULLER	La Morale en Action par l'Histoire.
NÉRAUD	La Botanique de ma Fille.
PERRAULT (P.)	Pas-Pressé.
RATISBONNE	Dernières scènes de la Comédie enfantine.
RECLUS (É.)	Histoire d'une Montagne. — Histoire d'un Ruisseau.
REY (I.-ARISTIDE)	Travailleurs et Malfaiteurs microscopiques.
STAHL (P.-J.)	La famille Chester. — Mon premier Voyage en mer.
STAHL ET DE WAILLY	Contes célèbres anglais.
VADIER (B.)	Blanchette.
VALLERY-RADOT (R.)	Journal d'un Volontaire d'un an.
VAN BRUYSSEL	† Scènes de la Vie des Champs et des Forêts aux États-Unis.

VOLUMES IN-8° RAISIN, ILLUSTRÉS

BADIN (A.)	Jean Casteyras. (Aventures de 3 Enfants en Algérie).
BENEDICT	La Madone de Guido Reni.
BENTZON (TH.)	† Contes de tous les pays.

Les Voyages involontaires

BIART (L.) { La Frontière indienne. — Monsieur Pinson. — Le Secret de José. — Lucia.

BLANDY (S.)	Le petit Roi.
—	† Fils de veuve. — L'Oncle Philibert.
BOISSONNAS (B.)	Une Famille pendant la guerre.
BRÉHAT (A. DE)	Les Aventures d'un petit Parisien.

Contes et Romans de l'Histoire naturelle

Dr CANDÈZE { Aventures d'un Grillon. La Gileppe (Histoire d'une population d'insectes). Périnette (Histoire surprenante de cinq moineaux).

A ventures d'un Grillon. — « Cette biographie d'un insecte obscur cache, sous une fine allégorie, non seulement un petit traité de morale familière, mais encore des notions d'entomologie très précises et très sûres. L'auteur, M. Ernest Candèze, est un écrivain déjà connu des lecteurs de la *Revue Scientifique*, et ses qualités littéraires ne nuisent pas, bien au contraire, à l'autorité de son enseignement.

Volumes in-8° illustrés (SUITE)

« C'est une philosophie ingénieuse que celle qui cherche dans l'étude du plus petit des mondes, du monde des insectes, des leçons applicables à l'univers entier. C'est merveille de voir comment même les petits côtés de la science gagnent à être traités par des écrivains littéraires, quand ils ont su se munir au préalable d'un savoir sérieux et éprouvé. »

(Revue Scientifique.)

« La Gileppe est un roman.... j'allais dire naturaliste, mais il ne faut pas confondre; c'est un *roman d'histoire naturelle* bâti sur cette simple donnée : les infortunes d'une population d'insectes. C'est de la science amusante, le tout spirituel et d'un très bon style. »

CAUVAIN (H.)	Le grand Vaincu (le Marquis de Montcalm).
DAUDET (ALPHONSE)	Histoire d'un Enfant.
—	Contes choisis.
DESNOYERS (L.)	Aventures de Jean-Paul Choppart.
GENNEVRAYE	Théâtre de Famille.
—	La petite Louisette.
GRIMARD (E.)	La Plante.
HUGO (VICTOR)	Le Livre des Mères.
LAPRADE (V. DE)	Le Livre d'un Père.

La vie de Collège dans tous les Pays

ANDRÉ LAURIE

Mémoires d'un Collégien. (Un Lycée de département).	La Vie de Collège en Angleterre.	Tito le Florentin.
Une Année de Collège à Paris.	Un Écolier hanovrien.	Autour d'un Lycée japonais.
		Le Bachelier de Séville.

M. Francisque Sarcey a consacré à chacun des livres qui composent cette série, une étude spéciale.

« Notre ami Hetzel, écrivait-il au mois de décembre 1885, a commencé une collection bien curieuse et dont le titre générique suffit à indiquer l'intérêt. Chaque année, il paraît un volume qui nous transporte dans un pays différent. Il y a quatre ans, nous étions en France, l'année suivante on nous a menés en Angleterre; l'an d'après, en Allemagne. L'ensemble des volumes, dont cette série doit se composer, formera une étude assez complète des divers systèmes d'éducation suivis par chaque nation.

« Tous ces volumes partent de la même main; ils sont de M. André Laurie, qui me paraît être un universitaire fort au courant des questions pédagogiques, et qui n'en est pas moins un conteur agréable et un écrivain élégant. C'est chaque année un régal attendu par moi de recevoir et de déguster son volume. » Francisque Sarcey.

LES ROMANS D'AVENTURES

ANDRÉ LAURIE	Le Capitaine Trafalgar.
—	L'Héritier de Robinson.
J. VERNE ET A. LAURIE	L'Épave du Cynthia.
STEVENSON ET A. LAURIE	L'Ile au Trésor.

A propos de l'*Épave du Cynthia*, M. Ulbach écrivait les lignes suivantes :
« La collaboration de MM. Jules Verne et André Laurie ne pouvait être que féconde. La science de l'un, l'observation de l'autre, les qualités littéraires des deux collaborateurs font de ce livre un des plus émouvants de la collection nouvelle. »

« Il y a peu de livres plus nourris de faits, plus substantiels, et d'un intérêt mieux soutenu que l'*Épave du Cynthia*, » a écrit M. Dancourt dans la *Gazette de France*.

« Plus sombre, plus terrible est l'*Ile au Trésor*, roman popularisé en Angleterre par des milliers d'éditions, et dont la maison Hetzel s'est assuré le droit de traduction exclusif. On raconte que M. Gladstone, le grand homme d'État, rentrant chez lui, après une séance agitée, trouva, par hasard, sous sa main, l'*Ile au Trésor* de Stevenson. Il en parcourut les premières pages, et il ne quitta plus le livre qu'il ne l'eût achevé. C'est que ces premières pages sont un chef-d'œuvre d'exposition mystérieuse, d'attractions captivantes... »

LEGOUVÉ	Nos Filles et nos Fils.
—	La Lecture en famille.
LERMONT (J.)	Les jeunes Filles de Quinnebasset.
MACÉ (JEAN)	Contes du Petit-Château.
—	Histoire d'une Bouchée de Pain.
—	Histoire de deux Marchands de pommes.
—	Les Serviteurs de l'estomac.
—	Théâtre du Petit-Château.
MALOT (HECTOR)	Romain Kalbris.
MARELLE (CH.)	Le Petit Monde.

Volumes in-8° Illustrés (SUITE)

Aventures de Terre et de Mer

Œuvres choisies. — *16 volumes*

MAYNE-REID. { Désert d'eau. — Deux Filles du Squatter. — Chasseurs de chevelures. — Chef au Bracelet d'or. — Exploits des jeunes Boërs. — Jeunes Esclaves. — Jeunes Voyageurs. — Petit Loup de mer. — Montagne perdue. — Naufragés de l'île de Bornéo. — Planteurs de la Jamaïque. — Robinsons de terre ferme. — Sœur perdue. — William le Mousse. — Les Émigrants du Transwaal. — La Terre de Feu.

M AYNE-REID est un Cooper plus accessible à tous, aux jeunes gens en particulier. Scrupuleusement moral, d'une imagination riche et curieuse, mettant en scène quelque simple récit, autour duquel il groupe des incidents romanesques, et cependant possibles, il promène son lecteur au milieu des forêts vierges, parmi les tribus sauvages, et exalte le courage individuel aux prises avec les difficultés et les nécessités de la vie. »   CLARETIE.

« Que les jeunes gens à qui les *Chasseurs de Chevelures* et les *Naufragés de l'Ile de Bornéo* ont procuré tant d'émotions dramatiques et toujours saines, jouissent de leur reste, a écrit Victor Fournel, dans le *Moniteur universel*, dans son étude sur la *Terre de feu*, la dernière œuvre de Mayne-Reid; il n'écrira plus pour eux, ce conteur inépuisable, ce Cooper de la jeunesse, dont les *Aventures de terre et de mer* ont charmé tant d'imaginations, en les entraînant au loin dans les contrées mystérieuses de l'Afrique et les solitudes du nouveau monde. »
VICTOR FOURNEL.

MICHELET (J.) (Gr. in-8°). . . . Histoire de France. 5 volumes.
MULLER (E.) . . . . La Jeunesse des Hommes célèbres.
— . . . . Les Animaux célèbres.
RATISBONNE (LOUIS) . . . . . ❀ La Comédie enfantine.
RIDER HAGGARD . . . . † Découverte des Mines de Salomon.
SAINTINE (X.) . . . . Picciola.
SANDEAU (J.) . . . . La Roche aux Mouettes. — ❀ Madeleine.
— . . . . Mademoiselle de la Seiglière.
SAUVAGE (E.) . . . . La Petite Bohémienne.
SÉGUR (COMTE DE) . . . . Fables.
ULBACH (L.) . . . . † Le Parrain de Cendrillon.

ŒUVRES de P.-J. STAHL

❀ Contes et Récits de Morale familière. — Les Histoires de mon Parrain. — ❀ Histoire d'un Anel de deux jeunes Filles. — ❀ Maroussia. | — ❀ Les Patins d'argent. — Les Quatre Filles du docteur Marsch. — ❀ Les Quatre Peurs de notre Général.

S TAHL a voulu enseigner familièrement la morale, la mettre en action pour tous les âges. De tous les livres de Stahl se dégage une morale présentée avec toute la séduction et cette forme spirituelle qui donne à la fiction les apparences de la réalité. Peu d'hommes ont plus et mieux fait pour la jeunesse qui lui doit sa libération littéraire. »
Ch. CANIVET. *(Le Soleil.)*

STAHL ET LERMONT . . . . . . Jack et Jane.
— . . . . La petite Rose, ses six tantes et ses sept cousins.
TEMPLE (DU) . . . . Sciences usuelles. — Communications de la Pensée.
TOLSTOI (COMTE L.) . . . . . Enfance et Adolescence.
VERNE (JULES) ET D'ENNERY. Les Voyages au Théâtre.
VIOLLET-LE-DUC . . . . Histoire d'une Maison.
— . . . . Histoire d'une Forteresse.
— . . . . Histoire de l'Habitation humaine.
— . . . . Histoire d'un Hôtel de Ville et d'une Cathédrale.
— . . . . Histoire d'un Dessinateur.

Volumes grand in-8° jésus, Illustrés

BIART (L.) . . . . Aventures d'un jeune Naturaliste.
— . . . . Don Quichotte *(adaptation pour la jeunesse)*.
BLANDY (S.) . . . . Les Épreuves de Norbert.
CLÉMENT (CH.) . . . . Michel-Ange, Raphaël, Léonard de Vinci.
FLAMMARION (C.) . . . . Histoire du Ciel.
GRANDVILLE . . . . Les Animaux peints par eux-mêmes.
GRIMARD (É.) . . . . Le Jardin d'Acclimatation.
LA FONTAINE . . . . Fables, illustrées par Eug. LAMBERT.
LAURIE (A.) . . . . † Les Exilés de la Terre.
MALOT (HECTOR) . . . . ❀ Sans Famille.
MEISSAS (DE) . . . . Histoire Sainte.
MICHELET (J.) . . . . Histoire de la Révolution française, 2 volumes.
MOLIÈRE . . . . Édition SAINTE-BEUVE et TONY JOHANNOT.
STAHL ET MULLER . . . . . . Nouveau Robinson suisse.

Jules Verne

VOYAGES EXTRAORDINAIRES

33 VOLUMES IN-8° JÉSUS, ILLUSTRÉS

- Deux ans de vacances.
- Nord contre Sud.
- Un Billet de Loterie.
- Autour de la Lune.
- Aventures de trois Russes et de trois Anglais.
- Aventures du capitaine Hatteras.
- Un Capitaine de 15 ans.
- Le Chancellor.
- Cinq Semaines en ballon.
- Les Cinq cents millions de la Bégum.
- De la Terre à la Lune.
- Le Docteur Ox.
- Les Enfants du capitaine Grant.
- Hector Servadac.
- L'Ile mystérieuse.
- Les Indes-Noires.
- Mathias Sandorf.
- Le Chemin de France.
- Robur le Conquérant.
- La Jangada.
- Kéraban-le-Têtu.
- La Maison à vapeur.
- Michel Strogoff.
- Le Pays des Fourrures.
- Le Tour du monde en 80 jours.
- Les Tribulations d'un Chinois en Chine.
- Une Ville flottante.
- Vingt mille lieues sous les Mers.
- Voyage au centre de la Terre.
- Le Rayon-Vert.
- L'École des Robinsons.
- L'Étoile du sud.
- L'Archipel en feu.

L'œuvre de Jules Verne est aujourd'hui considérable. La collection des *Voyages extraordinaires*, que l'Académie française a couronnés, se compose déjà de vingt-cinq volumes, et tous les ans, Jules Verne donne au *Magasin d'Éducation et de Récréation* un roman inédit.

Ces livres de voyage, ces contes d'aventures, ont une originalité propre, une clarté et une vivacité entraînantes. C'est très français. »

Claretie.

Découverte de la Terre

3 Volumes in-8°

Les premiers Explorateurs. — Les Grands Navigateurs du XVIIIe siècle.
Les Voyageurs du XIXe siècle.

J. VERNE et TH. LAVALLÉE. Géographie illustrée de la France, nouvelle édition revue et corrigée par M. Dubail.

BIBLIOTHÈQUE DES JEUNES FRANÇAIS

Volumes gr. in-16 colombier

MICHELET (J.). La Prise de la Bastille et la Fête des Fédérations (*illustré*).—Les Croisades. François Ier et Charles-Quint (*illustré*). — Henri IV (*illustré*).

ERCKMANN-CHATRIAN. Avant 89 (*illustré*).

BLOCK (M.). *Entretiens familiers sur l'administration de notre pays.*
La France. — Le Département. — La Commune.
Paris, Organisation municipale. — Paris, Institutions administratives. — L'Impôt. — Le Budget.
L'Agriculture. — Le Commerce. — L'Industrie.
Petit Manuel d'Économie pratique.

GUICHARD (V.) . . . . Conférences sur le Code civil.
PONTIS . . . . Petite Grammaire de la prononciation.
J. MACE . . . . La France avant les Francs (*illustré*).
MAXIME LECOMTE . . . . . La Vocation d'Albert.

Motteroz. — Imp. réun. C. Paris. — 739

J. HETZEL & Cⁱᵉ, 18, rue Jacob, PARIS

ÉDUCATION ET RÉCRÉATION
Livres et Albums illustrés
— NOUVEAUTÉS —

PREMIER AGE

PETITE BIBLIOTHÈQUE BLANCHE
Vol. in-16, brochés, 1 fr. 50; toile aquarelle, 2 fr.

BERTIN (M.) . . . Les douze.
DURAND (H.) . . . Histoire d'une bonne aiguille.

37 autres volumes par
O. Feuillet, A. Dumas, Stahl, Ourliac, Verne, Dickens,
Viollet-le-Duc, P. de Musset,
L. Gozlan, Ch. Nodier, G. Sand, etc.

BIBLIOTHÈQUE DE Mˡˡᵉ LILI

ALBUMS-STAHL
Albums in-4° en couleurs, bradel, 1 fr.; toile, 2 fr. 50

KURNER . . . . Une maison inhabitable.
DE LUCHT . . . L'homme à la flûte.

43 autres albums par
Frœlich, Geoffroy, A. Marie, Tinant, etc.

Albums in-8° bradel, 3 fr.; toile biseaux, 5 fr.

FRŒLICH . . . . Les petits bergers.
FROMENT . . . . Petites tragédies enfantines.

61 autres albums par
Frœlich, Froment, Detaille, Faih, E. Lambert,
Lalauze, Th. Schuler, Marie, Geoffroy, etc.

13 albums grand in-8°, bradel, 5 fr.; toile, 7 fr. 50

SECOND AGE ET JEUNESSE

BIBLIOTHÈQUE IN-8° ILLUSTRÉE
Vol. in-8° caval., br.: 4 fr. 50; carton, toile, 6 fr.

ERCKMANN-CHA-
TRIAN . . . . Pour les Enfants.
VAN BRUYSSEL . . Scènes de la vie des champs et
des forêts aux États-Unis.

49 autres volumes par
P.-J. Stahl, Jules Verne, Néraud, J. Macé, A. Dumas,
de Bréhat, de Cherville, Vallery-Radot, etc.

*Vol. in-8° raisin, br., 7 fr.; carton, toile, 10 fr.;
reliés, 11 fr.*

BENTZON (Th.) . . Contes de tous les pays.
BLANDY (S.) . . . Fils de Veuve.
RIDER HAGGARD . Les Mines de Salomon.
ULBACH (Louis) . . Le Parrain de Cendrillon.

MAGASIN D'ÉDUCATION ET DE RÉCRÉATION, tomes XLII
et XLIII, in-8° jésus (reliés, 12 fr.)

148 autres volumes in-8° par
E. Legouvé, Stahl, J. Verne, Boissonnas, V. Hugo,
A. Daudet, E. Muller, J. Sandeau, Saintine, de Laprade,
A. Laurie, J. Macé, Desnoyers, H. Malot, Mayne-Reid,
Ratisbonne, Viollet-le-Duc, Biart, etc.

Vol. gr. in-8° jés., br., 9 fr.; toile, 12 fr.; rel., 14 fr.

JULES VERNE . . . Deux ans de vacances.

28 autres volumes par
L. Biart, Flammarion, Grandville, Grimard, Stahl,
J. Verne, Viollet-le-Duc, etc.

Vol. gr. in-8° jés., br., 10 fr.; toile, 13 fr.; rel., 15 fr.

LAURIE (A.) . . . Les Exilés de la terre.

15 autres volumes par
L. Biart, Erckmann-Chatrian, J. Verne, Lavallée,
Molière, la Fontaine, H. Malot, etc.

LES CONTES DE PERRAULT illustrés par GUSTAVE DORÉ. — Toile, 25 fr., reliure d'amateur, 30 fr.

MAGASIN ILLUSTRÉ
D'ÉDUCATION ET DE RÉCRÉATION
ET *SEMAINE DES ENFANTS*
RÉUNIS
Journal de toute la Famille
COURONNÉ PAR L'ACADÉMIE FRANÇAISE
FONDÉ PAR **P.-J. STAHL**, EN 1864
DIRIGÉ PAR
J. VERNE — J. HETZEL — J. MACÉ
25ᵐᵉ Année

ABONNEMENT: UN AN: Paris, 14 fr. — Départements, 16 fr. — Union, 17 fr.

— LA COLLECTION COMPLÈTE —
48 volumes grand in-8°
Prix : brochés, 336 fr. — Toile, 480 fr. — Reliés, 576 fr.
Chaque volume séparé, 7 fr.; — cartonné toile, 10 fr.; — relié, 12 f.

Paris. — Imp. S. KRAKOW, 102, Faubourg Poissonnière.

www.ingramcontent.com/pod-product-compliance
Lightning Source LLC
Chambersburg PA
CBHW071238160426
43196CB00009B/1110